L'EURO SURVIVRA-T-IL ?

JEAN-LUC BASLÉ

L'euro survivra-t-il ?

Bernard Giovanangeli Éditeur

À mon défunt ami, Jay Bleiman,
sans qui ce livre n'aurait pas vu le jour.

Avant-propos

L'Europe est née d'un désir de paix et de la menace soviétique.[1] Sa construction doit se faire progressivement, comme il est dit dans la déclaration Schuman. Le traité de Rome de 1957 en est l'acte fondateur. Il crée un marché commun de six nations (l'Allemagne, la Belgique, la France, l'Italie, le Luxembourg et les Pays-Bas) à l'intérieur duquel les produits circulent librement. C'est la première étape d'une longue marche qui doit aboutir, dans l'esprit de ses fondateurs, à une Europe fédérale – une Europe que le général de Gaulle récuse tout en reconnaissant la nécessité d'une alliance franco-allemande, seule solution pour instaurer une paix durable. Le traité de l'Élysée, signé le 22 janvier 1963, symbolise cette amitié entre les deux peuples.

L'euro est né de la nécessité de compléter le Marché commun par un accord monétaire favorisant les échanges commerciaux. Cette nécessité est d'autant plus grande que le succès initial du Marché commun engendre un mouvement imprévu d'adhésions. Initialement opposés, l'Irlande, le Danemark et la Grande-Bretagne y adhèrent le 1er janvier 1973. La Grèce en devient membre le 1er janvier 1981, l'Espagne et le Portugal, le 1er janvier 1986, l'Autriche, la Finlande et la Suède, le 1er janvier 1995. À la création de l'euro, le 1er janvier 1999, les six membres signataires du traité de Rome sont rejoints par l'Autriche,

1. L'Europe s'inscrit dans la *pax americana* dont l'objet principal est de contenir l'URSS. Dans son discours du 16 septembre 1946 à Zurich, Winston Churchill en appelle à la création des États-Unis d'Europe sur la base d'un partenariat franco-allemand. Dans son esprit, la Grande-Bretagne, membre fondateur du Commonwealth, n'en fait pas partie.

l'Espagne, la Finlande, l'Irlande et le Portugal. L'euro qui souffre de défauts structurels à son avènement, ne se rode donc pas au sein d'un groupe homogène – l'Europe des Six – à l'intérieur duquel il eut été possible d'éliminer ces défauts progressivement – mais dans un ensemble plus vaste qui en rend la correction difficile. À cela s'ajoute un événement inattendu : l'effondrement de l'Union soviétique. Oppressés pendant des décennies, les anciens membres du « Bloc de l'Est » s'empressent d'adhérer à l'Union européenne. L'approfondissement, c'est-à-dire le resserrement des liens unissant l'Europe des Six, fait place, sous la pression des événements, à l'élargissement, c'est-à-dire à l'adhésion d'un grand nombre de nations. L'Europe s'agrandit avant de se roder.

En l'état, l'euro est une construction inachevée et démesurée. Ses malheurs viennent pour partie de cette incomplétude et de cette excroissance. C'est pourquoi la crise grecque s'est transformée tout naturellement en crise de l'euro. Alors qu'il était possible de penser en décembre 2014 que les mesures prises depuis 2010 y mettraient fin, les élections grecques du 25 janvier 2015 ont secoué ce bel optimisme. Le combat frontal mené par Alexis Tsipras, le jeune et inexpérimenté premier ministre grec, s'est soldé par une humiliante défaite face à une Allemagne inflexible. Mais, c'est peut-être une victoire à la Pyrrhus qu'ont remportée les Allemands. Peut-on faire le bonheur des peuples malgré eux ? En réponse à cette question, une autre vient tout naturellement à l'esprit : l'euro survivra-t-il ? Il ne survivra qu'au prix d'une profonde mutation. Ce n'est pas de « plus d'Europe » dont l'Europe a besoin, comme le répètent à l'envi les fédéralistes sans en préciser nécessairement le contenu, mais de « mieux d'Europe », une Europe des peuples.

I. De Bretton Woods à Maastricht

Un marché commun dans lequel les personnes, les biens et les capitaux circulent librement, ne peut fonctionner sans un accord monétaire liant les monnaies des États membres entre elles. Les accords de Bretton Woods, signés en août 1944, faisaient office d'un tel accord à la création du Marché commun en 1957 puisqu'il liait les devises européennes au dollar, lui-même lié à l'or. La décision de Richard Nixon de rompre ce lien en août 1971, obligea les Européens à s'accorder sur un système monétaire européen. Anticipant cette décision, ils avaient dès octobre 1970 jeté les bases d'un tel système avec le rapport Werner. L'étude de l'euro oblige donc à un retour sur le passé puisque sans cette décision du président américain, la monnaie unique n'eut peut-être jamais existé. Ce retour est d'autant plus nécessaire que le monde de 2002, année où l'euro apparaît dans la vie quotidienne des Européens, a peu en commun avec celui des années 70 quand mûrit l'idée d'un système monétaire européen. Conçu dans la relative quiétude des années d'après-guerre, il émerge dans un monde chaotique et mondialisé qui a vu l'effondrement de l'Union soviétique et l'irruption de la Chine sur la scène internationale. Ses concepteurs n'avaient pas anticipé cette accélération de l'Histoire.

BRETTON WOODS

Le 15 août 1971, le président Nixon décide de rompre le lien unissant le dollar à l'or. Pour saisir la portée de cette décision, il nous faut revenir à l'été 1944. Une conférence internationale réunissant quarante-quatre nations se tint à Bretton Woods dans le New Hampshire.[1] Son objet était d'instaurer un nouveau système monétaire international. Convaincus que les dévaluations compétitives des années 30 avaient facilité l'accession au pouvoir d'Hitler, les Alliés étaient décidés à instituer un nouveau système pour éviter leur répétition.[2]

Un système monétaire international fixe la valeur des monnaies entre elles, soit par rapport à une autre monnaie comme l'or ou le dollar ou par rapport à un panier de devises, comme dans le cas du Système monétaire européen, prédécesseur de l'euro. Le système a pour but d'assurer la croissance et la stabilité de l'économie. Les facteurs de production étant inégalement répartis à travers le monde, et l'aptitude à les exploiter variant d'une nation à l'autre, des déséquilibres commerciaux naissent des échanges entre nations, et génèrent des crises. Des chocs imprévus, climatiques, économiques ou politiques, peuvent aussi affaiblir une économie nationale. Un système monétaire international corrige ces déséquilibres ou répond à ces chocs afin qu'ils ne dégénèrent pas en crise sévère. Il s'appuie sur un certain nombre de règles et de moyens pour lui permettre d'assurer sa mission. L'étalon-or était le système qui réglait les relations monétaires internationales jusque dans les années 30. L'unité de référence est l'or. La valeur

1. La France y était représentée par Pierre Mendès-France.

2. Les errements de la République de Weimar et l'inepte politique du chancelier Brüning ont aussi joué un rôle dans l'ascension d'Adolf Hitler.

des monnaies est définie en once d'or. Cette définition est rigide. Les gouvernements ne peuvent la modifier. Cette rigidité obligeait les pays ayant un déficit commercial important à procéder à une dévaluation interne, c'est-à-dire à contracter leur masse monétaire afin de réduire la demande intérieure. Cette politique déflationniste qui créait chômage et mécontentement, était source d'instabilité politique. La décision de la Grande-Bretagne d'abandonner la convertibilité de la livre sterling en septembre 1931 sonna le glas de l'étalon-or.[1] Fragilisés par la crise de 1929, les pays adoptèrent alors des politiques mercantiles en dévaluant leur monnaie afin d'obtenir par l'exportation les débouchés que leur économie ne pouvait leur fournir. Ces dévaluations compétitives qui se neutralisaient les unes les autres, engendrèrent des mouvements de capitaux déstabilisant dans une économie mondiale en perte de vitesse.

Instruits des rigidités de l'étalon-or qui aggravèrent les effets de la crise de 1929, les Alliés s'attachèrent à créer un système joignant discipline et souplesse. Le pivot de cette nouvelle architecture était le dollar dont la valeur était liée à l'or, au prix de 35 dollars l'once. La valeur des autres monnaies était définie en fonction de la monnaie américaine avec une marge de fluctuation de plus ou moins un pourcent. Le Fonds monétaire international (FMI) fut créé à cette occasion pour aider les États membres à surmonter leurs difficultés passagères ou à procéder à la dévaluation de leur monnaie dans le cas d'un « déséquilibre fondamental » – notion qui ne fut jamais définie.[2] Le FMI fut doté d'un fonds d'intervention de 8,8 milliards de

1. Les États-Unis conservèrent la référence à l'or en fixant le prix de l'once d'or à 35 dollars en janvier 1934 (*The Golden Reserve Act*).

2. Les États membres n'étaient pas autorisés à dévaluer leur monnaie de plus de 10 % sans l'accord du FMI.

dollars financé par les États membres selon leur quote-part dans le FMI, elle-même définie en fonction de la taille de leur économie. Les États-Unis dont la quote-part était la plus large (un tiers du total), disposaient d'un droit de veto, droit qu'ils conservent aujourd'hui bien que leur quote-part ne représente plus que 17,7 % du total.[1]

Internationale dans sa forme, la conférence de Bretton Woods fut en fait l'objet d'un débat serré entre deux protagonistes, Harry Dexter White, représentant le Trésor américain et John Maynard Keynes, l'économiste britannique rendu célèbre par sa théorie de l'emploi, de l'intérêt et de la monnaie. Adossé à une économie revigorée par la guerre, disposant des deux tiers des réserves mondiales d'or, Harry Dexter White était dans une bonne position pour faire prévaloir son point de vue. Son objectif était l'instauration d'une économie mondiale ouverte aux échanges afin d'assurer à l'industrie américaine les débouchés dont elle aura besoin après la guerre. Dans cet esprit, le rôle principal du FMI est d'assurer la stabilité monétaire en contrant les mouvements de capitaux à court terme, déstabilisants pour l'économie mondiale, et préjudiciables aux exportations américaines. John Maynard Keynes, représentant d'une nation affaiblie par la guerre, ne put imposer sa vision en dépit de sa notoriété. Il souhaitait instaurer un système éminemment rationnel, mais quelque peu utopique, basé sur une monnaie fiduciaire, le « bancor ». Son objectif était la croissance qui assure le plein-emploi et garantit la stabilité politique. La possibilité donnée aux nations de dévaluer leur monnaie visait à corriger la rigidité de l'étalon-or, son effet déflationniste et les mesures protectionnistes

1. La Banque internationale pour la reconstruction et le développement, plus connue sous le nom de Banque mondiale, fut aussi créée à Bretton Woods.

qu'il entraînait.[1] Pour éviter le cercle vicieux de décroissance ainsi créé, John Maynard Keynes souhaitait que l'obligation d'équilibrer la balance commerciale incombe non seulement aux pays déficitaires mais aussi aux pays excédentaires.[2] Sa proposition transparaît dans un langage sibyllin sans portée pratique dans l'article IV des statuts du Fonds monétaire international. Les États-Unis, forts d'un excédent commercial important, n'étaient pas disposés à l'écouter. L'avenir donna raison au brillant économiste. Notons que l'asymétrie dénoncée par Keynes allait être aussi à l'origine de nombreuses crises dont celle des subprimes. Le système de Bretton Woods prit effet le 27 décembre 1945.

En juin 1947, les États-Unis lancèrent le plan Marshall pour aider l'Europe à sortir de ses cendres. Le plan avait aussi l'avantage d'aider l'économie américaine en facilitant les exportations vers l'Europe. Il réussit au-delà des espérances de ses promoteurs. Le relèvement des économies européennes et la croissance du commerce international furent très rapides. Le flux des capitaux s'inversait. D'excédentaire dans les années d'après-guerre, la balance des paiements américaine devenait déficitaire dans les années 60, engendrant une sortie importante de dollars que la Réserve fédérale ne pouvait satisfaire sans mettre en péril la valeur de la monnaie américaine. Les États-Unis étaient confrontés au dilemme de Triffin du nom de l'économiste belge qui le mit en évidence, et l'énonça comme suit : « ... si les États-Unis corrigent le déficit persistent de leur balance des paiements, la croissance

1. À la conférence impériale d'Ottawa en juillet 1932, le gouvernement britannique institua un système tarifaire qui isolait l'Empire britannique du reste du monde. Le gouvernement français suivit son exemple en 1936.

2. La position de Keynes était en partie motivée par la situation de la Grande-Bretagne, handicapée par un déficit de sa balance des paiements en raison de la guerre. Elle visait à forcer les États-Unis à accroître sa consommation, et par voie de conséquence ses importations, lesquelles bénéficieraient à l'industrie britannique.

des réserves mondiales ne sera pas satisfaite par la production d'or à 35 dollars l'once, mais si leurs déficits continuent, leur dette internationale excédera inévitablement leur capacité à convertir des dollars en or, ce qui provoquera une crise du dollar et de l'or. »[1] En d'autres termes, le déficit commercial américain ne pouvait être ni réduit ni maintenu. Le réduire provoquerait une récession aux États-Unis. Le maintenir condamnait le dollar. Harry Dexter White et John Maynard Keynes étaient conscients de ce dilemme. Ils considérèrent que la Réserve fédérale serait en mesure de le neutraliser en adoptant une politique dite de « bénigne insouciance ».[2] C'était une façon élégante d'ignorer le problème. Non seulement l'Europe se redressa plus vite qu'ils ne l'avaient prévu mais la politique américaine fut aussi très différente de celle qu'ils avaient imaginée.

En lançant une politique sociale hardie, baptisée Great Society, alors qu'il intensifiait la guerre au Vietnam, le président Johnson aggrava un déficit commercial que son prédécesseur avait tenté de résorber. Le déficit budgétaire engendré par cette politique fut en partie financé par la création monétaire. L'inflation qui en résulta, déprécia le dollar. De 4,17 deutsche mark en 1960, sa valeur tomba à 3,27 deutsche mark en 1971. Consciente de cette dépréciation, la Bundesbank demanda à la Réserve fédérale d'échanger une partie des dollars qu'elle détenait pour de l'or au prix officiel de 35 dollars l'once, protégeant ainsi la valeur de ses réserves. La France suivit son exemple. À la fin de la décennie, le stock d'or américain ne représentait plus que 30 % du total mondial contre 72 % en 1948.

Face à une situation qui ne cessait de se dégrader, Richard Nixon pouvait altérer la politique économique américaine ou

1. Robert Triffin, *The Failure of the International Monetary System.*

2. *« benign neglect policy ».*

abandonner le dollar à son sort. Il choisit la seconde solution en rompant le lien qui unissait le dollar à l'or, le 15 août 1971. Le système de Bretton Woods avait vécu. Les États-Unis qui l'avaient créé à leur main en 1944, n'hésitèrent pas à l'abandonner quand il cessa de répondre à leurs besoins en 1971 – privilège de la puissance. Le FMI qui en toute logique aurait dû disparaître, survécut, et le dollar demeura la monnaie de réserve de la plupart des nations. Les deux décennies qui suivirent, furent fertiles en événements, certains y voyant les effets de l'effondrement du système de Bretton Woods. Ainsi, dans les années 70, le deutsche mark s'apprécia-t-il vis-à-vis du dollar alors que le franc et la lire italienne se dépréciaient.[1] Ces fluctuations de cours faussaient la concurrence à l'intérieur de la Communauté économique et étaient facteurs d'instabilité.[2] La discipline des marchés financiers était censée les modérer en remplaçant la fixité des cours de Bretton Woods par un système plus souple dans lequel les nations fixeraient souverainement la valeur de leur devise. Il n'en fut rien. Cette discipline fut inopérante. L'objet des marchés financiers est d'engranger des profits et non de régenter les gouvernements. Quant à ces derniers, ils préfèrent généralement laisser filer leur devise – solution de facilité – que de prendre les mesures nécessaires – souvent impopulaires – pour en maintenir la valeur. Les Européens prirent plusieurs initiatives pour contenir les fluctuations de change, sans succès. Décision fut prise d'adopter une solution radicale. Ce sera l'euro. Si le système de Bretton Woods avait perduré – hypothèse gratuite en raison de ses faiblesses structurelles – la monnaie unique n'aurait peut-être pas vu le jour.

1. Le franc est dévalué en 1981, 1982 et 1986 alors que le deutsche mark est réévalué en 1983 et 1987.

2. Une dévaluation abaisse le prix des produits sur les marchés extérieurs, conférant au pays qui y a recours un avantage compétitif. Une réévaluation a l'effet inverse.

CRISES PÉTROLIÈRES

Le pétrole joue un rôle crucial dans l'économie depuis ce jour d'août 1859 où le colonel Drake qui n'avait de militaire que le titre qui précédait son nom, fit jaillir du pétrole en Pennsylvanie. Le moteur à combustion allait bientôt dynamiser le transport et transformer le monde en donnant naissance à la seconde révolution industrielle. Les taxis de la Marne sauvèrent Paris, et les chars d'assaut donnèrent aux Alliés l'avantage dont ils avaient besoin pour mettre fin à la Première Guerre mondiale. Les accords Sykes-Picot, signés en 1916, ratifiés par la Société des Nations en 1920, donnèrent à la Grande-Bretagne et, dans une moindre mesure, à la France accès aux ressources pétrolières du Moyen-Orient. Résolu à s'assurer un approvisionnement abondant et bon marché, Franklin Roosevelt signa à son retour de Yalta une alliance stratégique, connue sous le nom d'accord de Quincy, avec le roi Ibn Saoud donnant aux États-Unis un accès privilégié au pétrole saoudien en échange de leur protection militaire.

À la fin de la Seconde Guerre mondiale, les États-Unis étaient autosuffisants. L'augmentation rapide de leur consommation les rendit dépendant du pétrole saoudien. En 1973, leur production ne couvrait plus que deux tiers de leurs besoins. Dans le même temps, le prix du baril passa de 1,05 dollar en 1945 à 3,60 dollars en janvier 1973. Ce triplement du prix du pétrole était bien supérieur à la perte de valeur effective du dollar qui n'excédait pas 20 %.[1] Exprimé en once d'or, le baril s'était apprécié. Alors qu'il fallait 33 barils pour acheter une once d'or en 1945, il n'en fallait plus que 18 au printemps 1973. Un événement inattendu accentua cette appréciation du baril. En octobre 1973,

1. Source : Banque pour les règlements internationaux.

profitant du jeûne du Yom Kippour, l'Égypte et la Syrie lancèrent une attaque surprise contre les territoires occupés par Israël dans la péninsule du Sinaï et sur le plateau du Golan. À l'initiative du ministre saoudien du pétrole, Ahmed Zaki Yamani, les pays producteurs membres de l'OPEP[1] décidèrent de réduire la production pétrolière, et de fixer le prix du baril à 5,12 dollars. Un embargo fut aussi décidé. Le 22 décembre, poussé par le Shah d'Iran, les pays producteurs quadruplèrent le prix du baril pour le porter à 11,65 dollars. Cette augmentation brutale du prix procédait d'une volonté politique. Elle ne se justifiait pas au plan économique.

La fuite du Shah en janvier 1979 suivie de la Révolution iranienne poussa de nouveau le prix du baril à la hausse pour atteindre 38 dollars en décembre. Cet événement incita les nations avancées à modérer leur consommation et les nouveaux pays exportateurs à augmenter leur production. Le prix du baril chuta. Cette baisse rapide et son maintien à un niveau bas – autour de 20 dollars – pendant une décennie donnèrent l'illusion que les crises pétrolières de 1973 et 1979 n'avaient été qu'un mauvais rêve. Il n'en fut rien. Elles affectèrent durablement les économies avancées qui ne connurent plus les taux de croissance des glorieuses années d'après-guerre. En Europe, la croissance est atone et le taux de chômage élevé. C'est l'« eurosclérose », un terme inventé pour désigner cette situation. Jacques Delors, alors président de la Commission européenne, décide de relancer le processus d'intégration européenne pour y répondre. Ce sera l'Acte unique européen, précurseur du traité de Maastricht instituant la monnaie unique. Cette initiative

1. Organisation des pays exportateurs de pétrole dont les membres sont alors : l'Algérie, l'Arabie Saoudite, les Émirats arabes unis, l'Indonésie, l'Irak, l'Iran, le Koweït, la Libye, le Nigeria, le Qatar et le Venezuela.

n'aura pas d'effet immédiat. L'endettement public qui n'avait cessé de baisser jusqu'à la fin des années 70, croit de nouveau. En 1980, il s'élève à 32 % aux États-Unis, 16 % en Allemagne et 14 % en France. En 2007, année de la crise des subprimes, il est respectivement de 66 %, 65 % et 60 % pour ces trois pays. En un quart de siècle, l'endettement américain a doublé, l'endettement allemand et français est multiplié par un facteur de quatre ! Dans ses *Perspectives de l'économie mondiales* d'avril 2005, le FMI incite les États-Unis à se montrer plus ambitieux dans la réduction du déficit budgétaire afin de contenir la croissance de son endettement public. Ce sera un thème récurrent du Fonds. Les nations avancées abordent la crise des subprimes, puis celle de l'euro dans de mauvaises conditions.

STAGFLATION ET RÉVOLUTION REAGAN

Suite au quadruplement du prix du baril, l'inflation, modérée des années 60, s'envole en 1974 pour atteindre 11 % aux États-Unis, 14 % en France et 16 % en Grande-Bretagne. Les économies des nations avancées tombent en récession. Apparaît alors la stagflation, contraction de stagnation et inflation, un phénomène nouveau qui interpelle économistes, politiciens et dirigeants d'entreprises. Elle s'installe dans le temps sans qu'il ne semble possible d'y remédier. Avec l'échec de la mission de sauvetage des otages américains en Iran, elle coûtera sa réélection à Jimmy Carter.

Son successeur, Ronald Reagan, se fait l'avocat du néolibéralisme tout en étant pragmatique.[1] Pour relancer

1. Le néolibéralisme s'appuie sur la politique de l'offre (baisse des impôts et déréglementation), le consensus de Washington dû à l'économiste anglais John Williamson (discipline budgétaire, libéralisation des taux d'intérêt et de change, privatisation, protection de la propriété privée, etc.) et le monétarisme de Milton Friedman.

l'économie, il adopte une politique budgétaire laxiste (augmentation du budget de la défense et baisse des impôts) et monétaire restrictive. Dès la première année de sa présidence, deux événements confirment la nouvelle direction donnée à la politique économique. La grève des aiguilleurs du ciel est brisée sans ménagement en août 1981.[1] En octobre, le gouverneur de la Réserve fédérale, Paul Volcker, jugule brutalement l'inflation. Cette fermeté restaure le crédit de la Banque centrale américaine que l'inflation galopante des années 70 avait mise à mal. Elle fut appréciée des marchés financiers qui considèrent l'inflation comme leur principal ennemi. À partir de janvier 1982, le Dow Jones démarre une ascension irrésistible qui se poursuit aujourd'hui en dépit de la bulle internet de mars 2000 et de la crise immobilière de 2007.[2] La décision de Paul Volcker eut aussi pour effet de renforcer le dollar, contribuant ainsi à la chute du Serpent monétaire européen, première tentative de création d'un système monétaire européen dont nous reparlerons.

La Révolution Reagan fit école. Margareth Tchatcher brisa la grève des mineurs avec une détermination sans faille en 1985. Les banques centrales européennes s'inspirèrent de Paul Volcker pour asseoir leur crédibilité et s'affranchir du pouvoir central.[3] Au travers de ces événements, on assiste à l'émergence d'une profonde mutation : le retour des marchés financiers, relégués au second rang par le *Glass-Steagall Act*[4] et les accords de Bretton Woods. Le keynésianisme, jugé cou-

1. 11 000 des 17 500 contrôleurs furent licenciés.

2. Le Dow Jones est l'équivalent américain du CAC 40.

3. L'aura dont jouissait la Bundesbank ajouta à ce désir d'émancipation.

4. Loi votée par le Congrès américain en 1933 séparant le secteur bancaire en banques commerciales et banques d'investissement. Elle est abrogée par le *Gramm-Leach-Bliley Act* de 1999.

pable des difficultés économiques des années 70, fait place au néolibéralisme. Keynésiens et néolibéraux vivent dans des mondes séparés. Le monde keynésien est incertain et instable. Il requiert l'intervention de l'État pour contrôler les excès de l'économie de marché. Le monde néolibéral est parfaitement rationnel. L'intervention de l'État est inappropriée car nuisible à l'efficacité de l'économie par les contraintes qu'elle impose. John Maynard Keynes est le maître à penser des premiers, Milton Friedman et Friedrich von Hayek des seconds. La pensée néolibérale a fortement influencé l'euro.

MONDIALISATION ET TROISIÈME RÉVOLUTION INDUSTRIELLE

La mondialisation donna une dimension planétaire à la Révolution Reagan. Trois événements, proches dans le temps, en sont à l'origine : la chute du mur de Berlin le 16 novembre 1989, l'effondrement de l'Union soviétique le 26 décembre 1991, et le ralliement de la Chine à l'économie socialiste de marché lors du 14e congrès du Parti communiste chinois le 10 octobre 1992 sous l'impulsion de Deng Xiaoping. Cependant, sa dimension ne serait pas ce qu'elle est aujourd'hui sans des facteurs secondaires comme la containerisation et les technologies de l'information indispensables aux chaînes d'approvisionnement et au stockage en temps réel. La libération des mouvements de capitaux, inscrite dans les accords de Bretton Woods mais non appliquée avant les années 1980, fut aussi décisive. La création de l'Organisation mondiale du commerce (OMC) en avril 1994, en remplacement de l'accord général sur les tarifs douaniers et le commerce (GATT) d'octobre 1947, donne à la mondialisation ses lettres de noblesse.[1] Vingt-

1. Cet Accord est plus connu sous son acronyme anglais : GATT, *General Agreement on Tariffs and Trade.*

deux nations dont les États-Unis, le Canada, le Japon et les États de l'Union européenne sont membres fondateurs. La Chine rejoindra l'OMC en décembre 2001 et la Russie en août 2012. La monnaie européenne, conçue dans la relative quiétude des années 80, a été confrontée brutalement à cette mutation que personne n'avait anticipée. Son sort est lié à la mondialisation. Ce lien est mésestimé. Une brève description de la mondialisation permet de l'illustrer.

Dans sa forme pure ou théorique, la mondialisation est la libre circulation des personnes, des biens et des capitaux. Elle naît du besoin des hommes d'échanger et remonte loin dans le temps. Des amphores de Massalia ont été trouvées sur la côte Ouest de l'Inde. Les empires romain et britannique en sont des expressions partielles. Dans sa forme actuelle, la mondialisation a été un formidable accélérateur de croissance. Le commerce mondial décolle. Le point d'inflexion se situe au milieu des années 2000, peu après l'adhésion de la Chine à l'OMC. De 2000 à 2008, les exportations croissent à 12 % par an poussant la croissance mondiale à la hausse : 4,0 % en 2003, 5,4 % en 2004, 4,9 % en 2005, 5,6 % en 2006, et 5,7 % en 2007. Jamais l'économie mondiale n'avait connu une telle croissance. Le FMI s'en félicite chaque année dans ses *Perspectives économiques mondiales*.[1] Cette croissance à laquelle la crise des subprimes mettra un terme, est inégalement répartie. Les pays émergents ont des taux de croissance élevés alors que les pays européens connaissent une croissance médiocre. En conséquence, l'Europe perd du terrain. En 1980, la part de l'Union européenne dans le produit intérieur brut mondial était de 35 %. Elle n'est plus que de 20 % en 2014. Dans le même temps, la part de la Chine est passée

1. Cette croissance alimentée en partie par une forte consommation des ménages américains était intenable à terme.

de 2 à 14 %. S'il est normal que la part relative de l'Europe diminue alors que celle de l'Asie augmente, il l'est moins de constater qu'elle régresse plus vite que celle des États-Unis dont la part relative passe de 25 à 23 % dans le même temps. Cette performance de l'Union européenne dénote un défaut de compétitivité, selon certains, et une ouverture trop grande à la concurrence mondiale, selon d'autres. Ces derniers appellent à l'instauration d'une « préférence communautaire ». Qu'en est-il réellement ? Pour le savoir, intéressons-nous à la nature de la mondialisation.

Dans une économie ouverte, le prix d'un article est le même quel que soit le lieu où il est vendu, Rotterdam ou Shanghai, abstraction faite des coûts de transport et des impôts locaux. Dans un premier temps, la mondialisation fait pression sur les prix et les salaires dans les pays avancés. Si la baisse des prix diminue l'inflation et autorise une réduction des taux d'intérêt, favorable à l'investissement et à la consommation, le niveau élevé des salaires enclenche les délocalisations qui réduisent l'emploi. La mondialisation modifie la division internationale du travail au profit de pays émergents, comme la Chine et l'Inde, qui disposent d'une main-d'œuvre abondante et bon marché ; l'industrie se déplace vers ces pays, créant un chômage structurel dans les pays avancés. En réponse, l'Allemagne a établi un marché du travail dual où les salaires élevés de l'industrie côtoient les faibles rémunérations des petits boulots ou « mini jobs ». Ainsi, a-t-elle préservé sa compétitivité, développé ses exportations et accru l'emploi. Fidèle à son principe d'égalité, la France a rejeté cette solution et perdu en compétitivité. La détérioration de sa balance commerciale a entraîné une augmentation du chômage. Dans un second temps, la mondialisation fait pression sur les prix et les salaires à la hausse dans les pays émergents à mesure que leurs marchés du travail se tendent. Certains d'entre eux, c'est le cas de la Chine notamment, perdent en compétitivité et doivent « monter en gamme », c'est-à-dire fabriquer des produits plus élaborés, pour maintenir leur niveau d'activité.[1] Ainsi, l'indice compétitivité coût manufacturier de la Chine est-il passé de 86 à 96 de 2004 à 2014 contre 100 aux États-Unis.[2] Un nouvel équilibre des prix et des salaires moyens mondiaux s'établit alors à niveau plus faible que celui précédant l'avènement de la mondialisation dans les pays avancés mais plus élevé que celui des pays émergents. Cette situation qui pousse les pays émergents à monter en gamme, oblige les pays européens à faire de même, d'où les appels répétés d'institutions internationales, comme le FMI ou l'OCDE, à améliorer leur compétitivité au travers de réformes structurelles. La solution est donc plus dans une augmentation de la productivité que dans une « préférence communautaire », même si en matière de commerce international il est sage d'être toujours vigilants.

L'augmentation du commerce mondial qui a provoqué une forte croissance de l'économie mondiale, a son revers : un déséquilibre grandissant des échanges. Le FMI l'a soulignée récemment.[3] Le commerce mondial est un jeu à somme nulle. L'excédent des uns est compensé par le déficit des autres. Les déséquilibres commerciaux ont toujours existé, mais ils se sont fortement aggravés ces dernières années. Des nations enregistrent des excédents excessifs. Ainsi, lors du G-20 de Cannes en 2011, est-il demandé à l'Allemagne, la Chine et la Corée du Sud de stimuler leur demande intérieure afin de réduire leur excédent

1. Cette situation, connue sous le nom de « the middle income trap », a été théorisée par W. A. Lewis, prix Nobel d'économie.

2. « *Global Manufacturing Cost-Competitiveness Index* », Boston Consulting Group.

3. « *Spillover Reports* », juin 2015.

commercial et rééquilibrer les échanges internationaux. Un retour à l'équilibre à la charge des seuls pays déficitaires est déflationniste par nature. Voilà pourquoi Keynes souhaitait que la responsabilité en incombe non pas uniquement aux pays déficitaires, mais aussi aux pays excédentaires. La correction des déséquilibres par les seuls pays déficitaires est récessive alors qu'elle est neutre dans le cas d'un effort commun. S'il n'est pas mis fin à cette situation par des accords mondiaux, les pays déficitaires recourront aux dévaluations compétitives pour y mettre fin, déclenchant une guerre des devises semblable à celle que le monde a connue dans les années 30. Pour rééquilibrer leurs balances commerciales, les États membres de la zone euro, ne pouvant dévaluer, doivent procéder à de douloureuses adaptations ou, dans les cas extrêmes, envisager de sortir.

Un trait peu connu de la mondialisation est l'intégration financière à laquelle elle a donné lieu. Dans les années 60 et 70, les grandes banques américaines ont ouvert des succursales dans les pays où leurs entreprises clientes étaient présentes. Progressivement, elles se sont insérées dans ces marchés en offrant aux grandes entreprises locales des prêts en dollars. La relative stabilité du marché des changes dans les années 90 a facilité cette initiative.[1] Tout naturellement, elles ont développé leurs relations avec les banques locales. Les banques européennes ont suivi leur exemple tant et si bien que toutes les grandes banques mondiales sont désormais interconnectées. Dans le même temps, l'innovation financière (création de nouveaux produits et services financiers) a donné lieu à une financiarisation de l'économie se caractérisant par une part de plus en plus importante de la finance dans l'économie réelle. Pour mesurer la progression

1. Il existe en effet un risque de change pour l'emprunteur si la monnaie nationale se déprécie vis-à-vis du dollar.

de ces deux phénomènes, l'économiste Philip Lane a créé le ratio des instruments financiers d'une nation rapporté à son produit intérieur brut (PIB). Peu élevé aux États-Unis en 1980 (48 %), ce ratio attend 279 % en 2010.[1] La progression pour les pays de la zone euro est plus rapide. Partant d'un niveau légèrement plus élevé en 1980, le ratio atteint 550 % en 2010.[2] Cette progression quasi exponentielle s'explique par l'absence de risque de change en zone euro. C'est l'une des causes indirectes de la crise de l'euro.[3]

L'Histoire ne cesse d'interférer dans les projets des hommes. L'un des éléments fondateurs de la mondialisation, l'effondrement de l'Union soviétique, eut un effet inattendu sur la construction européenne : son agrandissement brutal. Des nations soumises au système soviétique recouvrèrent leur liberté, et n'eurent de cesse de rejoindre le camp occidental. Dix nations adhérèrent à la Communauté européenne en 2004 : Pologne, République tchèque, Hongrie, Estonie, Lettonie, Lituanie, Slovénie, Slovaquie, Chypre et Malte. L'approfondissement céda le pas à l'élargissement de la Communauté. Pour heureux que soit cet épisode, il n'en posa pas moins un sérieux problème. Ni les structures ni le fonctionnement de l'Europe n'y étaient préparés. Les choses eussent été plus simples si la Communauté en était restée à ses six membres fondateurs. D'une certaine façon, les partisans d'une Europe à deux vitesses préconisent un retour à cette Europe.

La mondialisation a aussi sa part d'ombre en conférant aux grandes entreprises mondiales un pouvoir quasi

1. « *The External Wealth of Nations Mark II* », IMF, P. R. Lane et G. M. Milesi-Ferretti.

2. Dernier chiffre disponible.

3. Cette intégration financière qui a contribué à la croissance mondiale, a aussi facilité la propagation de la crise des subprimes à travers le monde.

régalien dans la rédaction d'accords internationaux,[1] en altérant profondément le rapport capital-travail au détriment des organisations syndicales ou en promouvant une monoculture qui fragilise l'équilibre économico-politique des pays qui y sont soumis, etc. Des économistes ou personnalités tel que Joseph Stiglitz, Paul Krugman, Robert Reich, Paul Craig Roberts et bien d'autres, se sont inquiétés de cette dérive.

On le voit la mondialisation a eu un profond impact sur la construction européenne. L'impact des nouvelles technologies de l'information et de la communication a eu et continue d'avoir un impact tout aussi important. Une révolution industrielle apparaît quand de nouvelles technologies de communication convergent avec de nouvelles formes d'énergie. Selon cette définition, la troisième révolution industrielle est l'alliance d'internet et des énergies renouvelables, d'après l'économiste futurologue, Jeremy Rifkin.[2] Si les nouvelles énergies n'en sont encore qu'à l'état embryonnaire, l'usage d'internet en revanche s'est popularisé, fortement aidé par les ordinateurs personnels et les téléphones portables. Cette mutation, impulsée par la Silicon Valley en Californie, a dynamisé la mondialisation.[3] Pour saisir les nouvelles opportunités qui s'offraient à elles, les entreprises ont modifié leur mode opératoire. Sont apparus le juste-à-temps et les chaînes d'approvisionnement. L'organisation rigide et hiérarchique a fait place à de petites équipes axées sur un projet pour atteindre un objectif donné. Plus compacte, cette structure

1. Il ne fait guère de doute que l'accord de partenariat transpacifique et le pacte transatlantique de commerce et d'industrie, actuellement en cours de négociation, sont en partie dictés par les grandes entreprises américaines.

2. Jeremy Rifkin, *The third Industrial Revolution*, 2011.

3. Nombre d'entreprises de la Silicon Valley sont liées au complexe militaro-industriel.

a occasionné des réductions d'effectifs. L'encadrement intermédiaire a été très touché par ce réaménagement.[1] Les destructions d'emplois ont été plus rapides que les créations. « Les salariés sont en train de perdre la course contre les machines », notait un expert.[2]

La révolution des nouvelles technologies de l'information et de la communication a aussi créé le cyber-consommateur avec Amazon, eBay ou Le Bon Coin. Elle crée aussi la banque mobile qui ébranle la banque traditionnelle. La santé n'échappe pas à cette révolution avec la récente association de Google et de Sanofi qui vise à créer une médecine proactive en lieu et place d'une médecine réactive. Deux professeurs au MIT, Erik Brynjolfsson et Andrew McAfee, ont appelé cette utilisation extensive de données numériques le « data-driven decision making »[3]. Ils donnent en exemple la voiture autonome capable d'évoluer sans conducteur dans une agglomération.[4] Le rythme de cette révolution numérique s'accélère. Dans sa première année, Facebook a attiré 5 millions d'utilisateurs. Cinq ans plus tard, ils étaient 500 millions. Il y a vingt ans, seulement 3 % de la population mondiale avait un téléphone mobile. Aujourd'hui, les deux tiers en a un.[5] Cantonnée initialement aux secteurs facilement dématérialisables comme les médias ou la musique, elle touche désormais pratiquement tous les secteurs : finance, énergie, santé, éducation, industrie automobile, etc. et bouleverse le marché du travail entraînant dans son sillage la disparition progressive de

1. Réaménagement appelé « *downsizing* » ou « *rigthsizing* » aux États-Unis dans les années 80.

2. Erik Brynjolfsson et Andrew McAfee, *Race against the Machine*.

3. Processus de décision sur la base de données.

4. Système conçu par Google.

5. « *The four Global Forces breaking all the Trends* », McKinsey, avril 2015.

l'emploi à vie cher aux Trente Glorieuses.[1] Elle profite très largement aux États-Unis où elle est née, leur conférant un avantage considérable dans la compétition mondiale.[2]

La mondialisation et la troisième révolution industrielle bousculent l'ordre établi en créant une économie mondiale dynamique, compétitive et imprévisible – un nouvel environnement que les pères de l'euro n'avaient pas anticipé. Il se caractérise par un transfert de pouvoir des nations avancées vers les pays émergents. Depuis 2010, la Chine est la deuxième puissance économique au monde, derrière les États-Unis et devant le Japon. Ses dépenses militaires s'élèvent à 216 milliards de dollars, derrière les États-Unis (610 milliards) mais devant la Russie (84 milliards).[3] Ce nouvel environnement se caractérise aussi par un transfert de pouvoir de l'État-nation vers le marché. Walmart, première entreprise mondiale, a un chiffre d'affaires de 486 milliards de dollars pratiquement égal au PIB de la Norvège (500 milliards), vingt-sixième nation dans le classement de la Banque mondiale. Ces évolutions s'accompagnent d'une vive concurrence en R&D et d'une recherche globale de talents par les entreprises transnationales. Les pays émergents, la Chine et l'Inde en particulier, font un effort considérable au niveau de l'enseignement supérieur, plus important que celui de la France ou du Royaume-Uni, par exemple.[4] Dans

1. *Les Échos*, 5 octobre 2015.

2. La Cour de justice de l'Union européenne a invalidé le *safe harbor*, notion qui permettait aux entreprises américaines du Net d'utiliser librement les données personnelles qu'elles collectent sur les Européens.

3. De 1992 à 2014, les dépenses militaires de la Chine sont passées de 25 à 191 milliards de dollars (+664 %). Dans le même temps, les dépenses militaires régressaient en France (–8,7%), en Grande-Bretagne (–1,8%), et en Allemagne (–27,6%). Seuls les États-Unis ont accru les leurs (+18 %). Chiffres exprimés en dollars 2011. Source : SIPRI.

4. Unesco : Effectifs scolaires du supérieur. Public et privé. Temps plein et partiel.

cet environnement hyper-compétitif dont il est permis de s'interroger sur la finalité, les nations européennes doivent repenser leur modèle économique et social issu des Trente glorieuses. Consciente de cette évolution, l'Union européenne a adopté en 2010 la stratégie Europe 2020 qui a pour objectif d'augmenter la compétitivité de l'Europe dans le cadre d'un développement durable en matière de croissance et d'emploi.[1] Elle propose une nouvelle « gouvernance économique » pour y parvenir et fait une large place à la recherche, l'éducation, l'innovation et la croissance verte. Au niveau national, les réformes structurelles que doit faire la France sont dictées par ce nouvel environnement mondial. Qu'elle soit dans l'euro ou non, la France y est confrontée, contrairement à ce que laissent entendre certains avocats d'une sortie de l'euro. Voilà pourquoi des institutions internationales comme le FMI et l'OCDE, de concert avec la Commission européenne, lui enjoignent de procéder à ces réformes – réformes qui doivent s'insérer dans un plan d'ensemble définissant une stratégie, des objectifs, des moyens, des secteurs d'activité prioritaires ainsi que des programmes de R&D, de formation, d'investissement, etc.

CRISE DES SUBPRIMES

Venue comme un malfaiteur dans la nuit, cette crise a secoué l'économie mondiale sur ses bases. Mais, à l'inverse de la crise de 1929 qui provoqua un profond changement dans la conduite de l'économie avec l'avènement de l'économie mixte et du keynésianisme, la crise des subprimes

1. Europe 2020 fait suite à la stratégie de Lisbonne qui fut un échec. Elle avait pour objectif de faire de l'Union européenne « l'économie de la connaissance plus compétitive et la plus dynamique du monde d'ici à 2010, capable d'une croissance économique durable accompagnée d'une amélioration quantitative et qualitative de l'emploi et d'une plus grande cohésion sociale. » Rapport Wim Kok.

n'a pas remis en cause le néolibéralisme. Plus étonnant, elle valide a posteriori le monétarisme avec l'adoption d'une politique monétaire non conventionnelle, connue sous le nom d'assouplissement quantitatif.[1] Les résultats obtenus aux États-Unis et en Grande-Bretagne ont convaincu la Banque centrale européenne de l'adopter alors qu'il est permis de s'interroger sur son efficacité, et que beaucoup d'argent a déjà été injecté dans l'économie de la zone euro. L'avenir dira si cette décision était judicieuse. Pour l'heure, examinons les origines de cette crise. Elles se divisent en trois catégories : immédiates, secondaires et sous-jacentes. La première, la plus importante, se subdivise en trois parties : les politiques économiques des États-Unis et de la Chine, la déréglementation bancaire, et l'innovation financière. Les causes secondaires (bonus, agences de notation, spéculation, fraude, etc.) n'ont pas eu l'importance qui leur est attribuée par les médias. À l'inverse, les causes sous-jacentes (effondrement du système de Bretton Woods, Révolution Reagan, théories financières, etc.) souvent ignorées, ont eu un fort impact. Le rôle des banques, clouées au pilori par la presse mais sauvées par le pouvoir, est plus difficile à cerner car il est présent dans les trois catégories. Nous leur consacrons un paragraphe ci-dessous après un bref exposé des causes de la crise.

La première cause immédiate de la crise des subprimes est la politique économique des États-Unis et de la Chine. Les États-Unis de George Bush et la Chine de Hu Jintao sont les archétypes des nations responsables de la crise. La première a poursuivi une politique économique qui a eu pour effet de créer une bulle immobilière. La seconde a axé sa croissance sur un mercantilisme débridé qui a indirectement facilité la création de cette bulle.[2] Les excédents commerciaux de la

1. Voir appendice, chapitre VII.

2. Ces deux nations ne sont pas les seules responsables de la crise. L'Allemagne et la

Chine, investis en bons du Trésor américains, poussèrent les taux d'intérêt à la baisse, favorisant la bulle immobilière par la recherche de rendements élevés que seuls les « subprimes » pouvaient procurer. La fongibilité des marchés financiers aidant, la baisse des taux d'intérêt américains se transmit à l'Europe.

La deuxième cause immédiate est le *Gramm-Leach-Bliley Act* de 1999 qui abroge le *Glass-Steagall Act* de 1933. Ce dernier divisait le secteur bancaire en deux types de banques : les banques d'investissement et les banques commerciales, les premières dédiées aux marchés financiers, les secondes à la collecte des dépôts et au financement des particuliers et des entreprises. En abolissant cette division, la loi de 1999 crée une banque universelle, modifie le *business model* des banques commerciales et par contre coup leur relation avec la Réserve fédérale. Les mêmes causes produisant les mêmes effets, cette liberté d'action engendre la crise des subprimes, comme elle avait engendré la crise de 1929, et ce d'autant plus facilement que concomitamment les autorités de tutelle font preuve d'un laxisme coupable. Deux des acteurs de ce bouleversement, Sandy Weill et John Reed, respectivement président-directeur-général de Travelers et de Citigroup, reconnurent plus tard que le *Gramm-Leach-Bliley Act* était une erreur.[1] Cette loi s'inscrivait dans la philosophie néolibérale qui commença sous Jimmy Carter avec la déréglementation de l'industrie aéronautique et s'intensifia sous Ronald Reagan et Bill Clinton. Un mouvement semblable prit forme en Europe quelques années plus tard.

Troisième cause immédiate de la crise des subprimes,

Corée du Sud font aussi preuve d'un mercantilisme coupable.

1. Les autres acteurs sont Robert Rubin, ministre des Finances, Larry Summers, secrétaire d'État, Alan Greenspan, gouverneur de la Réserve fédérale, et Bill Clinton.

l'innovation financière se traduisit par la multiplication de produits financiers, connus par leurs acronymes : CDO, CDS, ABS, etc.[1] Les CDS sont responsables de la banqueroute d'AIG, première compagnie d'assurances au monde, sauvée in extremis par le gouvernement américain qui injecta 85 milliards de dollars dans son capital. Les CDS sont une aberration. Warren Buffet les qualifia d'armes de destruction massive et George Soros d'actifs toxiques. Les banques européennes les ont achetés sans discernement. Leurs gouvernements s'endetteront pour leur porter secours quand éclatera la crise des subprimes, réduisant d'autant leur capacité à intervenir lors de la crise de l'euro. Ainsi, cette crise est-elle une cause indirecte de la crise de l'euro.

Le rôle des banques

Les causes de la crise des subprimes continuent d'être débattues, et le seront encore longtemps. Quelles qu'elles soient, les banques y jouèrent un rôle important. À partir des années 90, elles se transformèrent peu à peu en acteurs majeurs, et spéculatifs, de l'économie alors que leur rôle est de gérer les avoirs de leurs clients et de financer l'économie. Cette évolution de leur « business model » généra une croissance exponentielle de leurs bilans, souvent financée par des emprunts à court terme émis sur les marchés financiers, eux-mêmes en partie alimentés par les banques. Il existe donc une interconnexion des banques au travers de ces marchés. Cette interconnexion accroît leur vulnérabilité aux chocs externes. Si le marché immobilier s'effondre, les banques très engagées sur ce secteur auront des difficultés à se refinancer. Il leur faudra se tourner vers la

1. *Collateralized Debt Obligations* (obligations adossées à des actifs), *Credit Default Swaps* (couvertures de défaillance), *Assets Backed Securities* (valeurs mobilières adossées à des actifs).

banque centrale. Mais, si la situation de l'une d'elle[s] détériorée, la banque centrale peut refuser d'interv[enir] l'objet d'une banque centrale est de fournir des liquidités à une banque victime d'une panique bancaire, et non de sauver une banque insolvable de la faillite. Liquidité et solvabilité, deux termes inconnus du grand public sont très importants dans le monde bancaire. La distinction entre les deux est parfois difficile à établir ou sujette à des pressions politiques. Ainsi, le 14 mai 2008, la Réserve fédérale accorde-t-elle un prêt de 25 milliards de dollars à Bear Stearns, une importante banque d'investissement, pour lui éviter la faillite alors que le 15 septembre de la même année, elle refuse de porter secours à Lehman Brothers, une autre banque d'investissement, qui de ce fait dépose le bilan et… enclenche la crise des subprimes ! Dans le premier cas, la Réserve fédérale considéra que la banque faisait face à une crise de liquidité, c'est-à-dire une pénurie temporaire de fonds alors que dans le second elle estima qu'il s'agissait d'une crise d'insolvabilité, c'est-à-dire une incapacité de la banque à survivre. En fait, cette dernière décision était due à Henry Paulson,[1] secrétaire au Trésor, qui souhaitait faire un exemple en montrant que les erreurs de gestion seraient sanctionnées. Quelques chiffres donnent une idée de la croissance exponentielle du secteur bancaire.

De 2003 à 2007, le total du bilan de Goldman Sachs, première banque d'investissement de Wall Street, passe de 404 milliards de dollars à 1 120 milliards, soit une progression annuelle de 29 %, chiffre bien supérieur à la croissance de l'économie américaine. Cette croissance est financée par l'emprunt, comme l'indique l'évolution de son *leverage ratio*.[2] De 18 en 2003, il passe à 26 en 2007,

1. Henry Paulson fut président de Goldman Sachs.

2. Effet de levier, en français. C'est le ratio du total du bilan sur les fonds propres.

soit une augmentation de 44 % en 5 ans. Plus ce ratio est élevé, plus la banque est vulnérable aux aléas de l'économie. D'autres grandes banques américaines suivent la même évolution. Lorsque la crise des subprimes éclate, le monde de la finance est dominé par des géants. Ainsi, par exemple, les actifs de JPMorgan Chase, première banque de dépôts, excèdent-ils le PIB de la Grande-Bretagne.[1] La croissance exponentielle qui crée ces mastodontes est due au *Gramm-Leach-Bliley Act*, à une kyrielle de produits financiers et à une politique monétaire accommodante.

Le 7 avril 1998, un an avant que le *Gramm-Leach-Bliley Act* ne fût voté, Citigroup naît de la fusion de Citibank et de Travelers, grâce à une dérogation accordée par Alan Greenspan, alors gouverneur de la Réserve fédérale. Cette fusion est supposée créer, dans l'esprit de ses promoteurs, John Reed et Sandy Weill, le supermarché de la finance. Dans le même temps, des produits financiers, dérivés des théories d'économistes nobélisés (Franco Modigliani, Robert Merton, Harry Markowitz et William Sharpe) facilitent la croissance rapide des banques. Les géants de la finance ne financent plus l'économie. Ils spéculent pour leur propre compte.[2] [3] Un exemple illustre le rôle joué par ces produits dérivés. Les *Credit Default Swap* (CDS), créés en 1994, assurent les investisseurs contre les risques de crédit. Dix ans plus tard, en décembre 2004, leur montant

Plus il est élevé, plus la banque se finance par des emprunts, augmentant sa vulnérabilité.

1. 2515 milliards de dollars et 2435 milliards de dollars, respectivement.

2. « *Consultation by the High-Level Expert Group on reforming the Structure of the EU Banking Sector* », *Finance Watch*, June 1, 2012.

3. L'affaire Kerviel qui a coûté 6,3 milliards d'euros à la Société générale en janvier 2008 et le scandale de la « *London Whale* », surnom d'un cambiste de JPMorgan, Bruno Iksil, qui a causé une perte de 2 milliards de dollars à sa banque en mai 2012, sont des exemples d'une spéculation effrénée.

nominal s'élève à 6400 milliards de dollars, soit 52 % du PIB américain et 15 % du PIB mondial. En 2007, année de la crise des subprimes, ils excèdent le PIB mondial (58200 milliards contre 55900 milliards) ! Ils furent la cause de la faillite de la compagnie d'assurances américaine, AIG.

Cette effervescence financière n'aurait pas été possible sans une politique monétaire accommodante, initiée en 2001 par Alan Greenspan, qui poussa les taux d'intérêt à la baisse, participant ainsi à la création de la bulle immobilière. Si cette baisse satisfaisait les acheteurs de biens, c'est-à-dire des emprunteurs, elle ne faisait pas en revanche les affaires des investisseurs qu'ils fussent gérants de fonds de pension ou d'assurances-vie. À la recherche de rendements élevés, ils se tournèrent vers les produits dérivés. Les banques leur proposèrent des obligations adossées à des actifs immobiliers (CDO),[1] à des valeurs mobilières (ABS),[2] ou des *puts* et des *calls*[3], etc. dont le rendement était supérieur à celui des produits financiers classiques. Greenspan mit fin à sa politique accommodante en juin 2006 en relevant par petites touches le taux directeur de la Réserve fédérale. Il était trop tard. La bulle financière continua sur sa lancée et explosa à l'été 2007.

Cette évolution du secteur bancaire n'est pas propre aux États-Unis. Elle se retrouve en Europe, avec une plus grande vulnérabilité des économies européennes aux chocs bancaires due à la concentration du secteur. En 2008, le total du bilan des banques s'élève à 349 % du PIB de l'Union européenne, contre 78 % aux États-Unis.[4] Le total des actifs bancaires de la Grèce est égal à deux fois son PIB,

1. *Collateralized Debt Obligations* ou CDO.

2. *Asset Backed Securities* ou ABS.

3. Options contractuelles d'achat ou de vente par laquelle deux parties s'accordent pour échanger un actif financier à un prix donné, fixé à l'avance.

4. *Le Monde*, 5 février 2014.

celui de l'Allemagne à trois fois, et celui de la France à plus de quatre fois. L'Irlande emporte la palme avec un total égal à dix fois son PIB ! Plus le pourcentage est élevé, plus il est difficile à l'État de secourir ses banques en difficulté. Cette concentration explique le coût astronomique des plans de sauvetage européens, estimés à 4 500 milliards d'euros, soit deux fois le PIB allemand 2013.[1] En dépit de cet effort gigantesque de la part des autorités, les prêts douteux des banques européennes totalisent 900 milliards d'euros, et sont un frein à la croissance.[2]

Par leur poids dans l'économie, les géants de la finance sont « trop gros pour faire faillite ».[3] Un État ne peut laisser l'un d'eux disparaître sans risquer une crise majeure. C'est la leçon de Lehmann Brothers dont le ministre des Finances américain, Henry Paulson, avait voulu faire un exemple. Mal lui en prit puisque trois mois plus tard, en décembre 2008, l'économie américaine est en récession. Il dut changer son fils d'épaule et venir au secours des banques. Cet aléa moral – la garantie d'être secouru en cas de difficulté – crée ce que l'économiste en chef de la Banque d'Angleterre, Andrew Haldane, appelle le « *doom loop* », la boucle maudite.[4] Le nouveau *business model* des banques s'auto-entretient et conduit inévitablement à la crise. Conscients que ces géants ne peuvent faire faillite, les marchés financiers leur accordent des taux préférentiels. Le risque de leur prêter est quasi nul en raison de la garantie officieuse de leur gouvernement.[5]

1. « *New Crisis Management Measures to avoid Future Bank Bail-outs* », *European Commission*, 6 juin 2012

2. Christine Lagarde, 30 septembre 2015.

3. En anglais, *too big to fail.* Ces géants sont appelés officiellement : « Institutions financières de risques systémiques » (IFRS).

4. « *The Doom Loop* », Andrew Haldane, Banque d'Angleterre, 23 février 2012.

5. En 1978, dans une étude interne sur le montant optimal du capital de la Citibank, George Vojta, directeur général, conclut que la taille de la banque est

Aussi, leurs dirigeants prennent-ils des risques plus grands qu'ils ne le feraient sans cette protection. Cet avantage que confère la taille, fausse le jeu de la libre concurrence en abaissant le coût de leur financement de 50 à 100 points de base.[1] En argent sonnant et trébuchant, cela équivaut à une rente annuelle de 34 à 83 milliards de dollars pour les banques américaines, suivant les critères retenus.[2] Le chiffre s'élève à 108 milliards de dollars en 2010 pour les onze premières banques de l'Union européenne.[3]

Cette nécessité de renflouer les banques après la crise des subprimes et la perte de revenus fiscaux due à la récession qui en résulta, eurent pour effet d'accroître davantage un endettement des États déjà élevé. La dette publique de l'Irlande, très engagée dans la bulle financière, double de 2007 à 2010. Celle de la Grande-Bretagne croît de 74 % et celle de l'Espagne de 61 %. L'augmentation est plus faible en France et en Allemagne (31 % dans les deux cas). Dans la zone euro, l'endettement passe de 73 % à 94 % du PIB (+ 29,2 %). Les États membres abordent donc la crise de l'euro avec une dette publique accrue qui va limiter leur capacité d'intervention. Cette cause indirecte de la crise de l'euro est rarement mentionnée.

CONCLUSION

Pour être compris, l'euro doit être replacé dans son contexte historique. Des événements aussi différents que l'effondrement partiel du système de Bretton Woods et les crises pétrolières ont incité à sa création alors que d'autres,

telle qu'en cas de difficulté les autorités devront la secourir pour éviter la faillite.

1. 100 points de base égalent 1 %.

2. *TBTF Subsidy for large Banks*, FDIC, June 2013.

3. « *Consultation by the High-Level Expert Group on reforming the Structure of the EU Banking Sector* », *Finance Watch*, 1er juin 2012.

la mondialisation, la troisième révolution industrielle et la crise des subprimes, l'ont secoué sur ses bases. Le traité de Maastricht qui donne vie à l'euro se situe à ce point d'inflexion de l'Histoire qui fait basculer les nations dans la mondialisation.

Ce bouleversement n'est pas sans conséquence pour l'Europe et l'euro. Dans « Emploi, affaires sociales et inclusion » (2014), la Commission européenne rappelle que « L'Union européenne (UE) repose sur la notion d'économie sociale de marché. Plein emploi, progrès social, inclusion, protection et cohésion sociales et solidarité font partie des objectifs prioritaires du traité sur le fonctionnement de l'Union européenne. En effet, le traité prévoit que l'Union doit prendre en compte les exigences liées à un taux d'emploi élevé, à une protection sociale adéquate et à la lutte contre l'exclusion sociale lorsqu'elle définit et met en œuvre l'ensemble de ses politiques. » C'est l'Europe des peuples. Pour admirables qu'ils soient ces objectifs ne peuvent être atteints sans une remise en cause du modèle européen en raison du formidable bouleversement que connaît le monde. La chose est délicate car il s'agit de préserver un modèle social auquel les Européens sont très attachés tout en lui faisant subir une profonde mutation économique pour le rendre compétitif. Suite à l'inauguration de l'usine Airbus aux États-Unis, Fabrice Brégier, président-directeur-général, a déclaré : « L'Europe doit vraiment faire quelque chose pour rester compétitive. »[1]

1. L'usine d'Airbus aux USA assemblera l'A320 pour moins cher, *Boursorama-Reuters*, 13 septembre 2015.

II. Maastricht : avènement de l'euro

L'Union monétaire européenne (UME) ou plus simplement l'euro est une construction hybride. C'est un système monétaire international rassemblant plusieurs nations dotées d'une spécificité fédérale : une banque centrale. Cette nature indéfinie fragilise l'euro dans une mondialisation brouillonne. Elle a aussi pour effet d'enfermer les États membres dans un carcan économique bridant leur croissance. En l'état, l'euro ne peut tenir dans la durée. Pour comprendre cette architecture bancale, il convient d'en analyser les caractéristiques afin d'en dégager les défauts structurels. Mais, il faut au préalable évoquer ses prédécesseurs pour comprendre comment on est arrivé là.

PRÉDÉCESSEURS DE L'EURO

Peu connu du grand public, la création de l'euro débute avec le rapport Werner d'octobre 1970. Il fut à l'origine de deux essais infructueux : le « Serpent » en avril 1972 et le Système monétaire européen en mars 1979. Leur échec n'entama pas la détermination des dirigeants européens d'aboutir à un accord monétaire.

Le « serpent dans le tunnel »

Le système de Bretton Woods, aussi imparfait fut-il, assuraient la stabilité des taux de changes et le bon fonctionnement de la Communauté économique européenne. Dès lors que les devises fluctuent librement à compter du printemps 1973, suite à la décision de Richard Nixon d'août 1971, les Européens sont confrontés à des mouvements de capitaux déstabilisateurs qui fragilisent la Communauté. Ainsi, par exemple, la bonne santé de l'économie allemande incite les investisseurs à acheter du deutsche mark qui s'apprécie, pénalisant les exportateurs allemands, et à vendre de la lire italienne qui se déprécie conférant un avantage concurrentiel aux exportateurs italiens. Ces mouvements de capitaux à court terme perturbent les échanges commerciaux. Or, la Communauté a besoin de stabilité pour bien fonctionner.

Les dirigeants européens en sont conscients. Aussi, se réunissent-ils à Bâle le 10 avril 1972, huit mois après la décision de Richard Nixon, pour s'accorder sur des règles intra-européennes. Communément appeler le « Serpent dans le tunnel », en raison de son ancrage dans le système de Bretton Woods,[1] cet accord prévoit que les monnaies européennes fluctuent les unes par rapport aux autres à l'intérieur d'une fourchette de plus ou moins 2,5 %. Cette règle est supposée contenir les fluctuations de change tout en étant plus flexible que le système de Bretton Woods. Las, son existence sera brève. La livre sterling quitte le Serpent en juin 1972 et la lire italienne en janvier 1973. Le franc français l'abandonne en 1974, le réintègre et le quitte définitivement en mars 1976. Que s'est-il passé ?

L'inflation qui avait forcé la main de Richard Nixon en 1971, s'accentua avec la crise pétrolière de 1973. Les autorités européennes réagissent différemment à cette

1. À cette date, le système de Bretton Woods demeure un système de taux de change fixe en dépit de la décision de Richard Nixon d'août 1971. Ce n'est qu'au printemps 1973 que les devises fluctuent librement.

poussée inflationniste, provoquant des variations de change importantes. La livre sterling, victime de la politique laxiste de la Banque d'Angleterre, ne tint que quelques mois la parité qui lui était imposée. Puis vint le tour de la lire italienne. La France résista plus longtemps avant de connaître le même sort. L'Allemagne qui avait préféré l'austérité à la fuite en avant, rebondit plus vite que ses partenaires européens. Le deutsche mark s'apprécia. Le sort du Serpent était scellé. Il ne résista pas à ces variations de cours générées par des politiques divergentes

Le système monétaire européen

Convaincus de la nécessité de stabiliser le marché des changes, les dirigeants européens ne tardent pas à lui substituer un remplaçant. Le coup d'envoi est donné par Helmut Schmidt et Valéry Giscard d'Estaing le 2 avril 1978 à Rambouillet. C'est l'occasion pour le chancelier allemand de relancer une union économique quelque peu assoupie. Indépendamment de cette initiative, le 19 juin, les gouverneurs des banques centrales publient un rapport rappelant la nécessité de faire converger les politiques économiques en préalable à toute union monétaire. Les dirigeants ignorent cet avis et lancent le Système monétaire européen (SME) le 13 mars 1979. C'est la copie conforme du système précédent à une différence près : la détermination des parités de change. Le cours des devises est défini en fonction d'un cours pivot basé sur un panier de devises.[1] Une monnaie, l'écu, acronyme anglais de *European Currency Unit*, rappelant opportunément le nom d'une ancienne monnaie française, est créée à cette occasion ainsi qu'un fonds monétaire européen. Ni l'une ni l'autre de ces initiatives ne joueront de rôle important

1. Les monnaies peuvent fluctuer par rapport à ce cours pivot de +/– 2,25%.

dans le nouveau système. Le SME n'est en fait qu'une reconfiguration du Serpent. Le chancelier Schmidt dira que c'est « un maillot de bain servant à dissimuler le fait que les Français rejoignent pour la troisième fois un système monétaire européen qu'ils ont quitté par deux fois ».[1]

Le destin du Système monétaire européen ne fut guère plus brillant que celui du « Serpent », même s'il fut plus long. Dès le 3 novembre, soit six mois après son lancement, le deutsche mark est réévalué de 2 % par rapport aux autres monnaies. La livre sterling et la lire italienne quittent le système en septembre 1992 et, à compter d'août 1993, les marges de fluctuation sont portées à +/– 15% afin de maintenir le franc dans le système. En réalité, le système a vécu. Il doit sa longévité à une monnaie, le dollar, et son effondrement à une autre, le deutsche mark. Pour comprendre ce qui s'est passé, il faut remonter dans le temps.

La décision de Paul Volcker en octobre 1981 de relever brutalement le taux d'intervention de la Réserve fédérale pour juguler l'inflation, eut pour effet secondaire d'apprécier le dollar. Inquiet de cette appréciation, James A. Baker, ministre des Finances de Ronald Reagan, convoqua le 22 septembre 1985 les ministres des Finances et banquiers centraux du G5 au *Plaza Hotel* de New York. Un accord est conclu. Pour inverser la courbe ascendante du dollar, les États-Unis acceptent de réduire leur déficit budgétaire, l'Allemagne consent à baisser ses impôts, et le Japon à assouplir sa politique monétaire. C'est un succès – un succès qui dépasse les attentes de ses promoteurs. Le dollar se déprécie trop vite. Une nouvelle réunion se tient au Louvre en février 1987 pour corriger ce mouvement baissier excessif. Cette fois, les marchés financiers interprètent

1. « *Making the European Monetary Union* », *Harold James*, Belknap/Harvard, 2012, p. 174.

correctement le message qui leur est envoyé. Le dollar se stabilise. Cette stabilité profite au système monétaire européen qui connaît alors une longévité inattendue.

La réunification allemande sonne le glas du SME. La décision du chancelier Kohl d'accorder à l'Ost mark la même valeur qu'au deutsche mark alors qu'il n'en valait que le quart – afin de ménager la susceptibilité des Allemands de l'Est – fut une erreur. Cette décision, purement politique, est inflationniste. La Bundesbank réagit d'autant plus vivement que la crise pétrolière iranienne avait déjà poussé les prix à la hausse. Mais en relevant son taux d'escompte, déjà élevé, elle provoque une récession. La Banque de France et la Banque d'Italie n'ont d'autre option que de suivre l'exemple allemand afin de maintenir la parité de leur monnaie avec le deutsche mark. La France et l'Italie entrent en récession à leur tour. Leurs gouvernements ne peuvent l'accepter. Nous sommes en 1993. Le SME a vécu.

Deux leçons ressortent de ce double échec : la centralité du dollar dans les relations monétaires et la nécessaire convergence des politiques économiques. En dépit de la décision de Richard Nixon, le dollar demeure au cœur du système monétaire international. Les nations veillent à ce que la valeur de leur monnaie demeure à l'intérieur d'une fourchette relativement étroite par rapport au dollar. C'est la première leçon. Le deutsche mark fait exception à cette règle en raison de la politique monétaire restrictive de la Bundesbank. Cette politique tranche avec le laxisme des banques centrales française et italienne. D'où l'échec du Serpent. C'est la seconde leçon. Les banquiers centraux européens n'ont cessé de préconiser la convergence des politiques économiques en préalable à tout accord monétaire. Ils n'ont pas été entendus. En son absence, le Serpent et le SME ont échoué.

L'UNION ÉCONOMIQUE ET MONÉTAIRE DE L'UNION EUROPÉENNE

Le SME n'est pas encore mort que déjà Jacques Delors réfléchit à son successeur. Ce sera l'Union économique et monétaire de l'Union européenne, plus communément appelé Union monétaire européenne (UME), c'est-à-dire l'euro. Il y voit le moyen de consolider la construction européenne au travers d'un système monétaire plus contraignant et de mettre fin à l'eurosclérose qui plombe l'économie et déprime les Européens depuis les crises pétrolières des années 70. L'euro doit être l'artisan d'une plus grande intégration économique, porteuse d'économies d'échelle et donc de gains de productivité générateurs d'un niveau d'activité et d'emploi plus élevé.

Le traité de Maastricht, signé le 7 février 1992, est son acte de naissance. Il crée l'Institut monétaire européen, précurseur de la Banque centrale européenne (BCE), et établit cinq critères de convergence que les nations doivent satisfaire pour devenir membres de l'union monétaire. Leur énoncé, quelque peu complexe, peut se résumer ainsi : une inflation inférieure à 3 %, un déficit budgétaire inférieur à 3 % du Produit intérieur brut (PIB), un endettement public inférieur à 60 % du PIB, des taux d'intérêts à long terme modérés et pas de dévaluation compétitive dans les deux années précédant l'intégration dans l'union monétaire.[1] Ce dispositif est complété par le pacte de stabilité et de croissance (PSC), adopté lors du Conseil européen d'Amsterdam le 17 juin 1997. L'euro est officiellement créé

1. Aucune théorie économique ne justifie ces pourcentages. Ils sont basés sur la moyenne arithmétique des futurs États membres en 1990.

le 1er janvier 1999.[1] Il circule à l'intérieur de la zone euro sous forme de pièces et de billets à compter du 1er janvier 2002. Ses deux piliers sont la BCE et le PSC.

L'euro est une initiative radicale. Elle remplace les devises européennes par une seule monnaie ce qui implique une seule politique monétaire. Elle ne laisse pas de surprendre au vu des deux échecs précédents, sans parler des variations de cours des devises depuis l'effondrement du système de Bretton Woods – variations qui auraient dû alerter les Européens sur les risques encourus. Étudions ses deux principales composantes : la Banque centrale européenne et le pacte de stabilité et de croissance.

La Banque centrale européenne

La Banque centrale européenne a été créée sur le modèle de la Bundesbank. Son siège est à Francfort. Elle est indépendante de toute interférence politique et agit conformément au principe d'une économie de marché. Son objectif prioritaire est le maintien de la stabilité des prix.[2] Sans préjudice de cet objectif, elle apporte son soutien aux politiques économiques de l'Union, si nécessaire. Il lui est interdit de financer les États en achetant leurs obligations sur le marché primaire,[3] et d'intervenir en tant que *prêteur en dernier ressort* auprès de banques en difficulté.[4] En

1. Il compte onze nations : Allemagne, Autriche, Belgique, Espagne, Finlande, France, Irlande, Italie, Luxembourg, Pays-Bas et Portugal.

2. Sur la période 2000-2014, l'indice des prix à la consommation de la zone euro s'élève à 2 % en moyenne annuelle – chiffre que la BCE s'est fixé comme objectif.

3. Le marché primaire est celui sur lequel sont émises actions et obligations publiques ou privées. Il se distingue du marché secondaire où se négocient ces actifs financiers après leur émission sur le marché primaire.

4. L'expression « prêteur en dernier ressort » signifie qu'une banque qui connaît des difficultés de refinancement sur les marchés financiers ou auprès d'autres banques, peut s'adresser à la banque centrale qui lui prêtera les fonds dont elle a besoin selon des conditions prédéfinies. Par extension, cette expression est aussi utilisée dans

ces contraintes, elle doit veiller à la stabilité du financier ce qui est quelque peu contradictoire. erdictions qui s'ajoutent à la difficulté de définir une politique monétaire qui est plus un art qu'une science, mettent la BCE dans une position difficile pour jouer pleinement son rôle. Rappelons ce qu'il en est.

Une banque centrale définit la politique monétaire de la nation et veille à la sécurité du système bancaire. Pour mener à bien la politique monétaire, elle dispose de plusieurs instruments. Le plus important est le *taux directeur.*[1] Une baisse du taux incite les entreprises et les particuliers à emprunter pour investir ou acheter des biens courants, accroissant du même coup l'activité économique et l'emploi. Une hausse a l'effet inverse. Un taux bas qui est le signe d'une politique incitative, peut générer de l'inflation. À l'inverse, un taux trop élevé, signe d'une politique restrictive, peut créer de la déflation, donc du chômage. La banque centrale est en recherche permanente d'un taux d'équilibre qui assure la croissance de l'économie sans générer d'inflation. La politique monétaire étant l'un des principaux leviers dont dispose un gouvernement pour définir sa politique économique, les banques centrales ont souvent agi sous la coupe du Trésor public dans le passé. Cette sujétion avait l'avantage d'offrir une source quasi inépuisable de financement aux États et le désavantage de créer de l'inflation en cas de recours excessif à ce mode de financement. Dans un tel schéma, la banque centrale agit en tant que *prêteur en dernier ressort* de l'État si les banques et les marchés financiers refusent d'acheter ses obligations. La stagflation des années 70 et les théories

le cas d'un gouvernement n'ayant pas accès aux marchés financiers. La banque centrale lui avancera les fonds nécessaires à son fonctionnement.

1. La banque centrale contrôle le taux directeur au moyen de la masse monétaire.

de Milton Friedman firent prendre conscience de la nécessité de contrôler l'inflation, d'où l'arrêt brutal donné à l'inflation américaine par Paul Volcker en octobre 1981. Le succès de ce revirement et l'exemple de la Bundesbank, indépendante du pouvoir fédéral, se traduisirent par une généralisation de l'indépendance des banques centrales en Europe vis-à-vis leur État. La BCE est indépendante de la Commission européenne, du Parlement européen et des États nationaux. Il lui est explicitement interdit de financer les États membres.[1] Cette indépendance a pour corollaire la prépondérance des marchés financiers dans le financement des États. Les gouvernements qui souhaitent emprunter doivent se soumettre aux *desiderata* des investisseurs.

La Banque centrale doit aussi veiller à la bonne santé du système bancaire. Le rôle d'une banque est de gérer les avoirs de ses clients. Les dépôts de ses clients sont investis en prêts aux entreprises et aux particuliers. Les agios reçus en contrepartie de ces prêts rémunèrent les dépôts des clients. La banque maintient en permanence une encaisse afin de satisfaire les retraits de ses clients. En cas de panique, de *rush* inopiné de ses clients pour récupérer leurs dépôts, la banque fait face à une crise de liquidité qui peut conduire à sa ruine. Les banques entretenant des liens financiers permanents entre elles, la faillite de l'une d'elle peut causer la faillite de plusieurs autres, voire du système bancaire tout entier. Pour éviter cet écueil, la banque centrale intervient auprès des banques fragilisées en leur prêtant les liquidités

1. « Conformément à l'article 101 du traité, il est interdit à la BCE et aux banques centrales nationales d'accorder des découverts ou tout autre type de crédit aux institutions ou organes de la Communauté, aux administrations centrales, aux autorités régionales ou locales, aux autorités publiques, aux autres organismes ou entreprises publics des États membres ».

dont elles ont besoin pour satisfaire les demandes de leurs clients.[1] Elle agit en tant que prêteur en dernier ressort. La Banque d'Angleterre, fondée en 1694, fonctionnait à l'origine comme chambre de compensation, mais elle en vint tout naturellement à jouer ce rôle au cours de son histoire. La Réserve fédérale fut créée en 1913 pour assumer ce rôle suite à la crise de 1907.[2] Il est implicitement interdit à la BCE d'agir en tant que prêteur en dernier ressort auprès des banques.

Cette double interdiction faite à la BCE d'agir en tant que prêteur en dernier ressort auprès des États membres et des banques se révélera inopérante lorsque survint la crise de l'euro.

Le Pacte de stabilité et de croissance

Initié par l'Allemagne,[3] le pacte de stabilité et de croissance est une réaffirmation de l'esprit de Maastricht, et de ses critères dont le déficit budgétaire et la dette publique qui ne peuvent dépasser 3 % et 60 % du PIB, respectivement.[4] En l'absence de politique budgétaire commune, il coordonne les politiques économiques des États membres afin d'éviter des déficits publics excessifs. Son objet est d'inciter à la convergence des politiques économiques, préalable à toute intégration monétaire selon les banquiers centraux. Si tous les États membres s'astreignent aux mêmes règles, la

1. La banque centrale n'intervient pas en cas d'insolvabilité. Les pertes subies par une banque en raison de l'impéritie de ses dirigeants sont supportées par les actionnaires et les obligataires. Les dépôts à vue sont garantis par les États à hauteur de 100 000 euros.

2. La Réserve fédérale est la troisième banque fédérale des États-Unis. La première fut créée en 1791 et la seconde en 1817. Leur existence fut limitée à 20 ans.

3. Theodor Waigel, ministre des Finances.

4. Il s'appuie sur les articles 121 et 126 du traité sur le fonctionnement de l'Union européenne.

somme de leurs budgets équivaut à un budget européen. Ce postulat sur lequel repose pour partie le sort de l'euro ne sera pas mis en pratique. Le pacte comprend deux volets, l'un préventif, l'autre dissuasif. Le premier demande à chaque État de présenter leurs objectifs à moyen terme au travers d'un programme de stabilité et de réformes. Le second prévoit d'enclencher une procédure si le déficit budgétaire d'un État membre dépasse 3 % du PIB. Le Conseil pour les affaires économiques et financières (ECOFIN) émet alors des recommandations qui, si elles ne sont pas suivies, peuvent donner lieu à l'imposition des sanctions sous forme de dépôt sans intérêt auprès de la BCE.

Le pacte fut l'objet de critiques en raison de l'arbitraire des pourcentages choisis, et de sa rigidité (aucune latitude n'est laissée aux gouvernements pour répondre à des crises inopinées). Il ne prend pas non plus en compte les risques fiscaux associés au modèle économique d'un État membre. Ainsi, n'empêcha-t-il pas la création d'une bulle immobilière en Irlande, conséquence d'une politique laxiste envers les banques, qui coûta fort cher à l'État irlandais. Une même observation s'applique à l'Espagne. Romano Prodi, ancien président de la Commission européenne, le qualifia de « stupide ». Il sera assoupli en 2005 mais renforcé en 2011.

Pensée néolibérale et credo monétaire

La philosophie qui sous-tend la monnaie unique est néolibérale et monétariste. En enfantant l'euro, ses pères ont créé un nouvel environnement économique auquel plusieurs des futurs États membres n'étaient pas préparés.

Née de la Révolution Reagan, la philosophie néolibérale contredit l'esprit de solidarité de l'Europe.

Deux changements profonds ont lieu avec l'adoption du traité de Maastricht. Le premier concerne l'esprit communautaire. La déclaration Schuman imprègne le traité de Rome alors que la philosophie néolibérale imprègne le traité de Maastricht. Le traité de Rome déclare : « La Communauté a pour mission… de promouvoir un développement harmonieux… et la solidarité entre les États membres » (article 2). Le traité de Maastricht stipule : « La Communauté ne répond pas des engagements des administrations centrales, des autorités régionales ou locales, des autres autorités publiques ou d'autres organismes ou entreprises publics d'un État membre, ni ne les prend à sa charge, sans préjudice des garanties financières mutuelles pour la réalisation en commun d'un projet spécifique » (article 104 b). La solidarité a fait long feu. Elle fait place à l'individualisme ambiant. Ce « chacun pour soi » est aussi présent dans les statuts de la BCE (article 21). Il est incompatible avec l'esprit communautaire.

Le second changement a trait à la libre circulation des capitaux. Prévu par l'article 67 du traité de Rome, il est imposé par l'article 73 b du traité de Maastricht : « Dans le cadre des dispositions du présent chapitre, toutes les restrictions aux mouvements de capitaux entre les États membres et les États membres et les pays tiers sont interdites ». Cette disposition se conçoit dans le cadre d'un marché commun, mais elle exige la création d'un fonds de stabilisation pour contrer les mouvements de capitaux à court terme. C'est la raison pour laquelle Harry Dexter White créa le Fonds monétaire international. L'euro fut créé sans un tel fonds au lieu de quoi l'article 73 b impose la discipline des marchés financiers laquelle se révélera néfaste.

La philosophie de l'euro est non seulement néolibérale, elle est aussi monétariste, au sens où l'entendent les

Allemands. Traumatisée par l'hyperinflation des années 20, l'Allemagne impose son credo monétaire à l'euro. Il peut se résumer ainsi : la stabilité monétaire, c'est-à-dire l'absence d'inflation, engendre la baisse des taux d'intérêt laquelle favorise l'investissement productif qui conforte la compétitivité des entreprises leur permettant d'exporter davantage et d'accroître l'activité et l'emploi. En d'autres termes, la croissance provient essentiellement de l'excédent commercial grâce à la stabilité monétaire. Si ce modèle fonctionne au niveau d'un pays, il ne peut fonctionner au niveau de la zone euro que si les pays *hors zone* sont en mesure d'absorber l'excédent ainsi créé par les États membres. Son corollaire est un déséquilibre des échanges commerciaux. Le modèle atteint sa limite quand le déséquilibre ainsi créé provoque une crise économique.

Pourquoi un troisième essai ?

La question qui taraude l'esprit à ce point de l'exposé est celle-ci : pourquoi entreprendre une nouvelle tentative, plus radicale et donc plus risquée, après les échecs du Serpent et du SME ? En créant l'euro, les États membres renoncent à une part importante de leur souveraineté, ce qu'ils n'avaient fait que de façon limitée lors des deux essais précédents. L'examen des objectifs respectifs des deux principaux protagonistes, la France et l'Allemagne, apporte un début de réponse.

Sur le plan économique, la France y voit un moyen de contrôler la politique monétaire allemande qui, comme nous l'avons vu, fut à l'origine de l'échec du Système monétaire européen. Elle souhaite aussi mettre fin à l'hégémonie du dollar – élément constitutif de la politique française depuis le retour du général de Gaulle. De son côté, l'Allemagne veut se mettre à l'abri des dévaluations compétitives de ses partenaires européens. Elle entend utiliser l'euro pour

DÉFAUTS STRUCTURELS DE L'UME

L'UME est un système hybride, hétérogène et instable. Ces trois défauts structurels hypothèquent son avenir. Analysons chacun d'entre eux pour en comprendre l'importance.

Une structure hybride

L'Union monétaire européenne allie les traits d'un système monétaire international à ceux d'un système fédéral. Cette nature hybride, inédite dans l'histoire des nations, rend sa gestion difficile, pour ne pas dire impossible, comme le montre la crise de l'euro. « Il faut qu'une porte soit ouverte ou fermée. » Les Européens ont ignoré cet aphorisme d'Alfred de Musset pour lui préférer une porte entre-ouverte : une union monétaire qui est plus qu'un simple système monétaire international mais moins qu'une fédération. Intéressons-nous pour commencer à l'euro en tant que système monétaire avant de l'étudier en tant que fédération ou plus exactement de pseudo-fédération.

Un système monétaire international se compose de quatre éléments principaux : une monnaie de réserve, la convertibilité des devises, la détermination des taux de change, et la libre circulation des capitaux. Bretton Woods en a ajouté un cinquième : un fonds de stabilisation. Dans le tableau 1, ci-dessous, nous comparons l'euro (dans sa première version) aux deux systèmes qui l'ont précédé : l'étalon-or et Bretton Woods. Par ses caractéristiques, l'UME s'assimile à un système monétaire international. Elle dispose d'une monnaie de réserve, le dollar et accessoirement l'euro. Son taux de change est flexible, variant au gré des fluctuations du marché. L'euro est convertible dans les autres monnaies et les capitaux circulent librement tant à l'intérieur qu'à l'extérieur de la zone. Dans cette première version, l'Union n'a pas de fonds de stabilisation pour lisser les effets des chocs économiques sur les États membres, à l'instar du FMI dans le système de Bretton Woods. Cette absence tient au traité de Maastricht qui, comme nous l'avons vu, stipule dans son article 104 que l'Union ne répond pas des engagements financiers d'un État membre, ni d'ailleurs les États membres à l'égard d'un autre État membre. Les crises grecque et irlandaise obligent les Européens à rectifier cette vision. Ils le font de façon désordonnée. Après avoir créé le Fonds européen de stabilité financière (FESF) d'une durée de vie limitée, ils créent un fonds permanent, le Mécanisme européen de stabilité (MES). Nous y reviendrons dans le chapitre suivant.

	Étalon-or	Bretton Woods	Euro 1re version*
Monnaie de réserve	L'or	\$ (£)	\$ (€)
Parité de change	Rigide	Fixe (+/– 1%)	Flexible hors zone (rigide intrazone)
Devises	Convertibles	Convertibles	Convertibles
Capitaux	Libre circulation	Circulation limitée	Libre circulation
Fonds de stabilisation		FMI	
Banque centrale			BCE

* Dans cette version, il n'y a ni Fonds européen de stabilité financière (FESF) ni Mécanisme européen de stabilité (MES).

TABLEAU 1. EURO 1RE VERSION

Vu de l'extérieur, avec le MES, l'Union monétaire est un Bretton Woods européen. Vue *de l'intérieur*, il se comporte comme un étalon-or. Un eurofranc vaut un euromark. Le taux de change entre les deux monnaies, s'il est permis de s'exprimer ainsi, est rigide. Cette rigidité a son corollaire. Aucun État membre ne peut déprécier le cours de sa monnaie pour compenser une perte de compétitivité. Un État membre dont la balance commerciale est déficitaire n'a d'autre solution que de procéder à une dévaluation interne. Il doit pousser prix et salaires à la baisse pour regagner en compétitivité, à l'exemple de l'Espagne. Le retour à l'équilibre incombe à la seule nation déficitaire. Cette disposition a un caractère récessif, comme nous l'avons déjà mentionné. Les États membres sont enfermés dans un carcan économique. Le FESF et le MES ne leur procurent que peu de latitude en raison des conditions attachées aux prêts qui leur sont accordés. La croissance de la zone euro en est bridée. Le tableau 2 présente la deuxième version de l'euro.

	Étalon-or	Bretton Woods	Euro 2e version
Monnaie de réserve	L'or	$ (£)	$ (€)
Parité de change	Rigide	Fixe (+/– 1%)	Flexible hors zone (rigide intrazone)
Devises	Convertibles	Convertibles	Convertibles
Capitaux	Libre circulation	Circulation limitée	Libre circulation
Fonds de stabilisation		FMI	**FESF/MES**
Banque centrale			BCE

Tableau 2. Euro 2e version

L'UME est aussi une fédération en devenir. Ce caractère fédéral lui est conféré par la Banque centrale européenne.

C'est la conséquence logique de l'adoption de l'euro. Il ne peut y avoir de monnaie unique sans une banque centrale commune aux États membres. Cependant, en l'absence de politique budgétaire commune, l'UME est une construction inachevée ce qui pose problème.[1] Une politique économique a trois objectifs : la croissance, la stabilité des prix et la valeur de la monnaie. Un gouvernement dispose de deux instruments : le budget et la monnaie.[2] Chaque instrument ne pouvant agir que sur un seul objectif, il lui faut choisir deux objectifs et abandonner le troisième. C'est le *policy mix*. Selon les objectifs retenus, il adoptera une politique budgétaire restrictive, neutre ou stimulante et agira de même avec sa politique monétaire ce qui donne neuf combinaisons possibles avec un résultat allant de la récession à la surchauffe en passant par la croissance équilibrée, comme le montre le tableau 3. Une politique budgétaire restrictive liée à une politique monétaire incitative place la zone dans la case 9 du tableau, loin de la croissance équilibrée de la case 5.

Ne disposant que d'un instrument, la monnaie, l'UME ne peut avoir de politique économique cohérente ce qui la met en position de faiblesse vis-à-vis des autres États. Prenons un exemple. Frappée par la crise des subprimes, la Grande-Bretagne se sert de ses deux leviers pour contrer la récession de 2009. La Banque d'Angleterre abaisse son taux directeur de 5 % à 0,5 % de septembre 2008 à mars 2009 – une baisse de 4,5 % en 6 mois, plus forte et plus rapide que

1. Éric Le Boucher, directeur de la rédaction d'*Enjeux-Les Échos*, écrit à ce sujet : « Le difficile, j'en conviens, est qu'il y a une faille générique à l'euro, une faiblesse de naissance radicalement grave : être une union monétaire sans union politique. » *Les Échos*, 19 novembre 2010. Lire aussi : « Crise monétaire : qui est vraiment responsable ? » de Jacques Calvet, *Les Échos*, 26 septembre 2009.

2. Le gouvernement dispose aussi du levier réglementaire pour orienter la politique économique.

		Politique Monétaire		
		Restrictive	Accommodante	Incitative
Politique Budgétaire	Stimulante	1	2	3 Surchauffe
	Neutre	4	5 Croissance Equilibrée	6
	Restrictive	7 Récession	8	9

Tableau 3. *Policy mix*

celle de la Réserve fédérale. Parallèlement, le gouvernement britannique accroît le déficit budgétaire de 5,1 % du PIB en 2008 à 10,8 % en 2009 et 9,7 % en 2010. La livre sterling s'effondre vis-à-vis du dollar alors que l'euro s'affermit vis-à-vis de la monnaie américaine. Sous l'effet de ces mouvements de sens inverse, la livre sterling se déprécie de 16 % par rapport à l'euro, conférant un avantage aux exportateurs britanniques par rapport aux producteurs européens. Face à cette situation, l'UME est démunie. L'euro est la variable d'ajustement du marché des changes. Il fluctue au gré des caprices du marché sans que les autorités n'y puissent rien.[1]

1. Le Conseil pour les affaires économiques et financières (ECOFIN) veille à

Les nations les moins compétitives sont pénalisées par cette situation. Les exportateurs français commencent à souffrir au-delà d'un taux de change de 1,30 dollar pour un euro, les exportateurs allemands au-delà de 1,50 dollar.

Une structure hétérogène

La création d'une monnaie unique répond à des normes théorisées par l'économiste canadien, Robert A. Mundell, prix Nobel d'économie, sous le nom de zone monétaire optimale.[1] Dans ces zones, les biens, les personnes et les capitaux circulent librement. Partisan des taux de change fixes, il chercha à démontrer que cette fixité devait s'appliquer aux nations ou régions partageant des caractéristiques communes. Il prit pour exemple les États-Unis et le Canada, et supposa que la monnaie des deux pays était remplacée par un dollar oriental et un dollar occidental, le premier couvrant la partie Est des États-Unis et du Canada, le second la partie Ouest.[2] L'Est nord-américain est industriel alors que l'Ouest est agricole. Dans cette configuration, l'économie de chacune des deux régions est homogène. Les entreprises sont donc affectées semblablement par des chocs externes, comme une forte sécheresse en région Ouest, par exemple. La conduite de la politique économique en est facilitée, observe Mundell. Le dilemme inflation-emploi, lui-même lié à la nature des taux de change, est ainsi résolu.

Concernant l'euro, il postulait que la future zone devrait répondre aux critères sous-jacents à sa théorie, à

l'évolution de la valeur de l'euro sur le long terme mais il ne dispose d'aucun moyen pour en influencer le cours.

1. « *Optimum currency area* », Peter Kenen et Ronald McKinnon ont élaboré des théories concurrentes.

2. Robert A. Mundell,« *A Theory of Optimum Currency Areas* », *The American Economic Review*, 1961.

savoir fluidité du marché du travail, élasticité des prix et des salaires, et libre circulation des capitaux. Les six pays signataires du traité de Rome satisfont avec peine à ces critères. Pour des raisons linguistiques, culturelles et sociales, la libre circulation des personnes est quasi nulle entre ces pays. Si aux critères de Mundell, on ajoute la structure des économies des dix-neuf membres, l'UME devient à l'évidence une zone suboptimale.[1] Qui plus est, son existence accroît l'hétérogénéité plus qu'elle ne la réduit. Ainsi que l'observe Patrick Artus, « la disparition du risque de change conduit [les États membres] à exploiter complètement leurs avantages comparatifs (dotations en capital et en travail, qualification de la population active, présence des centres de recherche liés à certaines industries)... les pays de l'Union monétaire se spécialisent donc différemment. Il n'y a pas de convergence de leurs économies... au contraire il y a divergence... les activités sophistiquées se dirigent vers le centre de l'Union monétaire, la périphérie se spécialise dans les activités peu sophistiqués (tourisme, services à la personne, distribution, construction et immobilier) ; cela résulte des synergies, de la faiblesse des coûts de transports qui apparaissent quand on produit au centre, en particulier, les produits et services liés à l'industrie. »[2]

Les choses n'étaient pas censées se passer ainsi. L'hétérogénéité de la zone devait peu à peu s'estomper.

1. Dans un article intitulé : « Peut-on encore sauver l'euro ? » (*Les Échos*, 10 mai 2010), Joseph Stiglitz note que l'Europe ne répondait pas aux conditions définies par Mundell à la création de la monnaie unique et qu'elle ne les remplit toujours pas. Dans un article publié par l'International Herald Tribune le 16 février 2010, Paul Krugman fustige les élites arrogantes qui poussèrent à l'adoption d'une monnaie unique bien avant que l'Europe ne fût prête pour une telle expérience.

2. « Pourquoi il faut revoir le pilotage de la zone euro », Patrick Artus, *Les Échos*, 29 juillet 2015. Patrick Artus est économiste, directeur de la recherche et des études de Natixis.

Des capitaux en provenance du nord s'investiraient dans le sud pour accroître la productivité de l'outil industriel. Ni la théorie ni la pratique ne confirment ce concept. Les concentrations économiques se sont créées naturellement au cours de l'histoire à partir de lieux de passages obligés, comme des vallées, des fleuves ou des ports. La proximité de terres cultivables facilita leur développement et donna naissance à un artisanat au service de l'agriculture. Les villages devinrent des villes que la révolution industrielle transforma en centres urbains. En abaissant les coûts de transport, le train et l'automobile favorisèrent les plus importants d'entre eux au détriment des plus petits qui s'étiolèrent. C'est ainsi que sont nés nos grands centres industriels que sont la Ruhr, l'Ile-de-France ou le Piémont. Ce schéma qui s'appuie sur les travaux de Paul Krugman, prix Nobel d'économie, est déjà présent dans les travaux de Fernand Braudel dans ce qu'il appelle l'économie-monde.[1] L'exemple confirme la véracité de ces théories. Le Mezzogiorno ne s'est jamais développé en dépit des efforts conjugués des industriels et du gouvernement italien dans les années 60. L'Espagne et la Grèce sont des zones « subordonnées » dans le lexique braudelien, incapables de se développer à la façon de la Ruhr. En Espagne, les capitaux de l'Europe du Nord ont été investis dans l'immobilier. En Grèce, les fonds européens ont été détournés de leur objet ou gaspillés. Des économies aussi dissemblables que l'Allemagne et la Grèce ne peuvent cohabiter sans transferts inter-États afin d'absorber les chocs asymétriques auxquels elles peuvent être soumises, comme une chute brutale du tourisme en Grèce, par exemple.[2] Une zone économique est

1. Paul Krugman, « *Increasing Returns and Economic Geography* », MIT, 1991. Fernand Braudel, *La dynamique du capitalisme*, 1985, *L'identité de la France*, 1986.

2. Craignant d'être le banquier de l'Europe, l'Allemagne s'opposa aux transferts

dite homogène si ses États membres réagissent de la même façon aux chocs externes. Par les réactions très différentes qu'elle a provoquées au sein de la zone euro, la crise des subprimes a démontré son hétérogénéité.

L'hétérogénéité de la zone euro complique la tâche de la BCE. En 2001, la banque relève son taux directeur, décision qui sied à l'Allemagne dont le taux d'inflation monte, mais pas à l'Espagne dont le taux baisse ! En 2006, elle le relève de nouveau alors que l'inflation est en légère hausse en Allemagne mais en baisse en France. La BCE est impuissance face à cette diversité. Sous la gouvernance de Jean-Claude Trichet, sa politique a été fortement influencée par l'Allemagne.

Une structure instable

La création de l'Union monétaire a non seulement accru le commerce intra-européen, elle a aussi développé les relations interbancaires. Cette intégration financière que nous avons évoquée dans le premier chapitre, est l'une des causes de la crise de l'euro. Dans son édition du 23 octobre 2011, le *New York Times* l'illustre par un schéma montrant l'étendue et la complexité des liens qui unissent les banques européennes. Certains de ces flux de capitaux prennent pour destination la périphérie de la zone euro. En Espagne, ils sont investis dans l'immobilier et donnent un coup de fouet bien venu à l'économie. Mais, en accroissant la demande intérieure, ils poussent prix et salaires à la hausse, et la compétitivité des entreprises à la baisse. La balance des opérations courantes se détériore.[1] Parallèlement, les banques européennes qui avaient emprunté sur les marchés de Londres et de New

inter-États au travers de l'article 125 du traité sur le fonctionnement de l'Union européenne.

1. En abaissant le prix des importations, l'appréciation de l'euro accroît le déficit commercial.

York pour financer leurs investissements immobiliers aux États-Unis, font face à une crise de liquidité quand intervient la crise des subprimes ce qui les oblige à réduire leurs prêts à la périphérie de la zone euro, c'est-à-dire aux pays de l'Europe du Sud : Grèce, Espagne et Portugal. Le gouvernement espagnol n'a alors d'autre recours que ses propres banques pour financer son déficit. Débute alors ce que l'économiste Paul De Grauwe appelle un « *feedback loop* », un cycle infernal.[1] Les agences de notation (Moody's, Standard & Poor's et Fitch) abaissent la note de l'Espagne ce qui fait chuter la valeur de ses obligations. Les banques espagnoles qui détiennent ces obligations, enregistrent une perte sur leur bilan ce qui fait baisser leur notation. Ayant des difficultés à se refinancer sur le marché des capitaux, elles ne sont plus en mesure de financer le déficit budgétaire. Le gouvernement fait face alors à un double défi : réduire son déficit pour contenir la croissance de la dette publique et regagner en compétitivité pour rééquilibrer sa balance commerciale. Pour cela, il lui faut diminuer ses dépenses et procéder à une dévaluation interne, c'est-à-dire faire pression à la baisse sur les prix et les salaires. Il s'ensuit une récession et une augmentation du chômage. Mécontentes, les populations manifestent et prêtent attention aux discours démagogiques. L'instabilité politique s'installe.

Ce schéma qui se répète avec le Portugal et la Grèce mais aussi dans une moindre mesure avec l'Italie, met en évidence le rôle et l'importance des marchés financiers dans le système monétaire européen. C'est l'une des conséquences de l'indépendance des banques centrales. Les États qui souhaitent emprunter doivent se soucier en permanence de l'attitude des marchés. L'Allemagne se servira de cette

1. Paul De Grauwe, « *The Gouvernance of a Fragile Eurozone* », CEPS, mai 2011.

sujétion pour imposer ses conditions aux États membres de la périphérie. Le Fonds européen de stabilité financière, le Mécanisme européen de stabilité et les programmes d'aide aux banques de la BCE que nous étudierons dans un prochain chapitre, ont pour objet de mettre un frein à ce cycle infernal auquel sont soumis les États membres en difficulté.

CONCLUSION

Un marché commun ne peut durablement fonctionner sans un arrangement monétaire. Après l'échec des deux premiers essais, fallait-il en tenter un troisième plus ambitieux que les précédents ? Cette initiative de Bruxelles interpelle. Non seulement elle ignore les échecs précédents, mais elle est aussi complexe et inachevée. Même en tenant compte de la nature hautement politique d'un tel projet qui conduit nécessairement à des « arrangements » pour satisfaire des intérêts opposés, il est difficile d'imaginer structure plus bancale. Comment a-t-on pu s'en satisfaire ? A-t-elle été conçue comme une simple étape vers un fédéralisme qui émergerait naturellement des liens commerciaux et financiers ainsi créés ? Cette méthode a bien fonctionné dans le passé. Était-elle appropriée pour une entreprise aussi complexe que l'euro ? Il est permis d'en douter. Au vu des échecs précédents, c'était faire preuve d'un optimisme hors du commun que d'imaginer qu'une issue heureuse en jaillirait. La nature indéfinie de l'UME dissimule des points de vue différents sur la conduite de l'économie que le temps n'a pas amoindrie. Cette divergence s'est traduite par des surplus commerciaux au nord de la zone et des déficits au sud – un déséquilibre qui n'est pas sans rappeler l'échec du système de Bretton Woods. Il ne peut y avoir de monnaie unique sans convergence des politiques économiques ou transferts inter-États.

Les crises grecque et irlandaise qui très rapidement se transforment en crise de l'euro, sont dues aux défauts structurels de l'UME relevés dans ce chapitre ainsi qu'à l'environnement mondial décrit dans le précédent. Dans le chapitre suivant, nous nous focalisons sur la crise grecque qui cumule les faiblesses de l'euro avec l'inadéquation des mesures prises pour la résoudre, ou tout au moins de certaines d'entre elles. Elle est donc symptomatique de la crise de l'euro.

APPENDICE : MEMBRES DE L'UNION ÉCONOMIQUE ET MONÉTAIRE

Année	États-membres
1999	Allemagne, Autriche, Belgique, Espagne, Finlande, France, Irlande, Italie, Luxembourg, Pays-Bas, Portugal.
2001	Grèce
2007	Slovénie
2008	Chypre, Malte
2009	Slovaquie
2011	Estonie
2014	Lettonie
2015	Lituanie

APPENDICE : FLUX DE CAPITAUX ET UME

L'origine des flux de capitaux révèle un aspect peu connu de la crise de l'euro. En privilégiant l'épargne sur la consommation, les nations de l'Europe du nord dégagent un surplus sous forme d'exportations – surplus créateur de liquidités investis en Europe du Sud. L'Allemagne et la France (en dépit d'une balance des opérations courantes déficitaire), ont favorisé l'avènement de la crise de l'euro en financement la périphérie.[1] Pourquoi les banques allemandes et françaises ont-elles agi ainsi ? Parce qu'elles ont fait le pari d'une Europe fédérale. Dans l'euphorie qui suit le lancement de l'euro, elles traitent l'Union monétaire comme une entité fédérale, ou en passe de le devenir. Le corollaire de ce postulat est qu'un pays en difficulté sera secouru par l'Union. Dans cette optique, prêter à l'Espagne, à l'Italie ou à l'Allemagne présente le même risque, et justifie le même taux, corrigé d'un coefficient de liquidité attribué aux différentes émissions.[2] Cette interprétation est en contradiction avec les textes officiels qui, comme nous l'avons vu, dégagent l'Union et ses membres de toute responsabilité envers les engagements financiers des autres membres. Les banques n'ont pas ignoré cette disposition. Elles ont postulé que l'Union et la BCE interviendraient en cas de besoin pour soutenir les pays débiteurs. L'avenir leur a donné raison.[3] Elles n'en sont pas moins coresponsables de la crise de l'euro.

---

1. Ruo Chen, Gian-Maria Milesi-Ferretti and Thierry Tressel, « *External Imbalances in the Euro Area* », FMI, 2012.

2. Cela explique pourquoi il demeure un modeste écart entre les différents taux en 2008-2009. Par leur volume, les émissions allemandes sont plus liquides que les émissions portugaises et donc plus faciles à échanger ce qui abaisse légèrement leur taux d'intérêt.

3. Les banques françaises et allemandes qui étaient directement exposées au risque grec, ont largement récupéré leurs mises. Les fonds spéculatifs américains (*hedge funds*) qui avaient spéculé sur les couvertures de défaillance (*credit default swaps*) ont gagné beaucoup d'argent.

III. Crise grecque et crise de l'euro

La crise grecque qui fut rapidement suivie de la crise irlandaise puis des crises espagnole et portugaise, marque le début de la crise de l'euro. Les similitudes entre ces crises sont nombreuses même si des différences existent. Ainsi, la crise irlandaise est-elle une crise bancaire doublée d'une crise immobilière alors que la crise espagnole est uniquement immobilière. La crise grecque se signale par sa sévérité et les développements auxquels elle a donné lieu. Aussi, avons-nous décidé de nous concentrer sur cette dernière au détriment des autres pour en dégager les traits principaux, caractéristiques de la crise de l'euro.

La crise grecque a pour cause immédiate la crise des subprimes.[1] Les investisseurs se sont détournés des États membres de la zone sud, plus vulnérables que ceux du nord, qui connurent alors des difficultés de financement.[2] Le taux de leurs emprunts augmenta. La cause éloignée de la crise tient aux défauts structurels de l'euro, décrits dans le chapitre précédent. Cette crise qui se transforme

1. L'Institut Bruegel liste dix causes dans son document d'octobre 2012 : *The Euro Crisis : ten Roots, but fewer Solutions*. Lire aussi : « *A Blueprint for a Deep and Genuine Economic and Monetary Union* » de la Commission européenne (30 novembre 2012).

2. Les investisseurs sont les compagnies d'assurances, les entreprises multinationales, les grandes banques, les fonds de pension, les États, etc.

rapidement en crise de l'euro, va avoir un impact profond sur l'euro et l'Europe – impact dont toutes les répercussions ne sont pas encore connues. Elle comprend trois temps forts, chacun avec son plan de soutien. La proximité des deux premiers s'inscrit dans une première période qui prend fin à l'hiver 2014. Le troisième temps fort qui débute avec la victoire de Syriza aux élections de janvier 2015, constitue la seconde période qui se poursuit alors que nous écrivons ces lignes. Pour analyser cette crise complexe, nous avons divisé ce chapitre en quatre parties. Les deux premières décrivent chacune des deux périodes. La troisième analyse les causes de l'échec des plans d'aide. La quatrième résume la vision allemande. En conclusion, nous postulons que l'avenir de la Grèce se situe hors de l'euro.

PREMIÈRE PÉRIODE

La crise grecque débute le 18 octobre 2009, jour où Georges Papandréou, deux semaines après son accession au poste de Premier ministre, déclare *urbi et orbi* que les chiffres officiels grecs sont faux.[1] Cette annonce fit l'effet d'un électrochoc dans les couloirs feutrés des chancelleries européennes et sur les marchés financiers. Le 16 décembre, Standard & Poor's abaissa la notation de la Grèce de A^- à BBB. Cette décision eut pour effet d'accroître l'écart de taux entre les obligations d'État grecque et allemande qui passe de 1.6 % en novembre 2009 à 2.8 % en janvier 2010.[2] La

1. La banque d'affaires américaine, Goldman Sachs, aurait participé au maquillage des comptes grecs au travers d'un swap de devises (*cross-currency swap*). Si l'intention était coupable, la transaction elle-même, couramment pratiquée, n'était pas de nature à duper des esprits avertis.

2. Les puristes objecteront que cet écart grandit dès janvier 2008 et que l'on peut faire remonter le début de la crise à cette date (il était alors de 0.35 %). Cependant, si l'on prend en compte la valeur de l'euro, la date du 18 octobre est justifiée. Ce jour-là, l'euro vaut $1,50 soit une valeur proche de son niveau le plus élevé. Il ne

déclaration de Papandréou n'a pas surpris l'observateur averti. Il est de notoriété publique que l'élite grecque est corrompue. Cela n'empêche pas les chefs d'État et de gouvernement européens de se déclarer prêts à soutenir la Grèce si nécessaire, suite à un accord entre Angela Merkel et Nicolas Sarkozy. Le 11 avril, ils lui accordent un prêt de 30 milliards d'euros. À quoi tient cette bienveillance ? À la pression des marchés financiers. Les dirigeants européens craignent que la crise ne se propage à l'Espagne et au Portugal. La valeur de l'euro tombe de $1.44 le 4 janvier à $1.33 le 11 avril. Le taux des obligations à dix ans de la Grèce passe de 6.1 % en janvier à 7.8 % en avril, et les bourses européennes s'affaissent.

Premier plan d'aide

À la surprise des chefs d'État et de gouvernement, leur décision du 11 avril ne calme pas les marchés qui estiment que le montant du prêt est très insuffisant et exigent la participation du FMI. L'euro continue de baisser et le taux des obligations grecques de monter. Le CAC 40 poursuit sa descente.[1] Le 10 mai, *Les Échos* titre sur cinq colonnes à la une : « L'euro à quitte ou double » et ajoute en sous-titre : « Les ministres des Finances mobilisés pour calmer la contagion mondiale de la crise sur les marchés… Obama presse les dirigeants européens d'agir avec énergie. » Le ton est inutilement alarmiste. Le 9 mai, l'Eurogroupe[2] avait acté la création du Fonds européen de stabilité financière (FESF), corrigeant un des défauts structurels de la monnaie unique. Le même jour, la Commission européenne, la BCE et le FMI, dénommés la troïka par les médias,

vaudra plus que $1,20 juin 2010.

1. 12.5 % de baisse en 4 mois

2. Créé en 1957, l'Eurogroupe réunit chaque mois les ministres des Finances des États membres de la zone euro.

accordent un prêt de 110 milliards d'euros à la Grèce dont 30 milliards prêtés par le FMI.[1] Les conditions imposées sont draconiennes. Il est demandé à la Grèce de ramener son déficit budgétaire de 15.6 % du PIB en 2009 à 4 % en deux ans. Pour ce faire, il lui faut réaliser 25 milliards d'économies budgétaires, augmenter la TVA et bloquer les rémunérations dans la fonction publique. La Grèce se plie à l'exigence formulée par Angela Merkel selon laquelle une aide ne se justifie que : « ... si Athènes présente un programme d'économies crédible ».[2] En fait, la Grèce ne répondra pas à cette exigence, comme les événements le démontreront. Il faudra remettre l'ouvrage sur le métier. Mais pour l'heure, les apparences sont sauves, et en politique où l'horizon se limite généralement à l'instant présent, elles seules comptent.

Outre l'aide apportée à la Grèce, l'accord du 9 mai prévoit la création du Fonds européen de stabilité financière (FESF) avec une capacité d'intervention de 440 milliards d'euros et du Mécanisme européen de stabilité financière doté de 60 milliards d'euros. Tout soutien financier à un État membre sera soumis à des conditions d'attribution prédéfinies et à de nouvelles règles visant à « renforcer la surveillance économique et la coordination des politiques dans la zone euro, y compris en suivant de près les niveaux d'endettement et l'évolution de la compétitivité ».[3] Le FESF est créé pour trois ans.

En dépit de ces engagements, les marchés financiers demeurent nerveux. La durée de vie limitée du FESF ne les satisfait pas d'autant que l'Irlande est en crise et que l'Espagne

1. Jean-Claude Trichet jugeait cette immixtion du FMI dans les affaires européennes humiliantes.

2. *Les Échos*, 26 avril 2010.

3. Cette disposition figure dans le Semestre européen (voir *infra*).

peut l'être aussi dans un avenir proche. Par ailleurs, face à un climat social dégradé, le gouvernement grec se montre peu enclin à réduire le déficit budgétaire et à entamer des réformes structurelles impopulaires. L'inquiétude des investisseurs se traduit par une augmentation du taux des obligations grecques qui passe de 7,8 % en avril à 11,45 % en septembre, soit un quasi-doublement en six mois. Face à cette dégradation, Angela Merkel et Nicolas Sarkozy s'accordent pour renforcer la zone euro avec la création du Mécanisme européen de stabilité (MES) en remplacement du FESF lors d'un week-end à Deauville les 19 et 20 octobre 2010. Répondant à une exigence de l'Allemagne, il est également prévu une participation des banques privées à un second plan de soutien à la Grèce sous forme d'un abandon de créances.[1] Le conseil de l'Union entérine leur accord les 28 et 29 octobre.

Second plan d'aide

Avant même que l'encre de l'accord ne soit sèche, les commentaires sur ses motifs vont bon train. Angela Merkel et Nicolas Sarkozy veulent-ils sauver l'euro ou les banques ? Pour Niall Ferguson[2] le doute n'est pas permis : l'objectif est de sauver les banques allemandes et françaises.[3] Pour d'autres, le risque bancaire systémique est trop important pour être ignoré. Si la Grèce fait défaut, l'Europe ne risque-t-elle pas d'être dans la même situation que celle des États-Unis lors de la faillite de Lehmann Brothers ? N'est-ce pas pour souligner ce danger que Barack Obama a appelé

1. La France est opposée à cette participation des banques en raison de l'encours important des banques françaises sur la Grèce.

2. Historien britannique enseignant à Harvard University.

3. « *Strains on Europe's Banks fuel Fears in World Markets* », *International Herald Tribune*, May 18, 2010. Le même point de vue avait été émis par *Le Monde* dans son édition du 17 mai.

Angela Merkel et Nicolas Sarkozy ? Une étude de Barclays Capital chiffre la dette grecque à 295 milliards d'euros. Les organismes financiers français en détiendraient 41 milliards et leurs homologues allemands 27.[1] Une autre étude l'évalue à 224 milliards d'euros dont 25 milliards détenus par la France et 14 par l'Allemagne.[2] Quels que soient les chiffres retenus, l'éventualité d'une faillite de la Grèce fait planer une menace sur les marchés financiers et la zone euro. L'Europe doit réagir.[3] Ce sera le second plan d'aide à la Grèce.

Ses grandes lignes sont définies lors du Conseil des ministres des Finances (ECOFIN), le 26 octobre 2011. Son montant s'élève à 130 milliards d'euros. Il comprend deux exigences majeures : une contribution des banques à hauteur de 50 % de leurs engagements en vue de réduire la dette de la Grèce de 160 % à 120 % du PIB d'ici 2020 et un nouveau plan d'austérité que la classe politique grecque devra s'engager à respecter. Ce plan prévoit entre autres une diminution de 22 % du salaire minimum et son gel sur trois ans, une réduction du nombre de fonctionnaires, un relèvement de l'âge de la retraite, l'augmentation du taux de TVA (20 %) et un abaissement du seuil d'imposition de 12 000 à 5 000 euros annuels. Il prévoit également un plan de privatisations de 30 milliards d'euros. Parallèlement, la capacité d'intervention du FESF est augmentée, passant de 440 milliards à 1 000 milliards d'euros,[4] et il est demandé

1. « *Europe Struggles to stem Debt Crisis* », *International Herald Tribune*, April 29, 2010.

2. Natixis. « Un défaut de paiement serait très coûteux », *Les Échos*, 29 avril 2010.

3. Si le risque d'une crise systémique est réel, qu'en est-il de l'accusation de Niall Ferguson et de quelques autres ? Avant que la crise n'éclate, en septembre 2009, l'encours des banques européennes sur la Grèce est de 272 milliards de dollars. En septembre 2014, il n'est plus que de 34 milliards.

4. Sa capacité d'intervention sera réduite par la décision de Standard & Poor's d'abaisser sa notation de AAA à AA- en janvier 2012 du fait de la dégradation de

aux banques d'augmenter leur capital pour satisfaire aux ratios de Bâle III.[1] Pour éviter toute nouvelle crise, la discipline budgétaire des États membres est renforcée par le pacte budgétaire européen qui impose une nouvelle règle, dite « règle d'or », limitant le déficit budgétaire structurel des États membres à 0,5 % du PIB. Les contrevenants seront sanctionnés, quasi automatiquement, et pourront être traduits devant la Cour de justice européenne. Ce nouveau pacte, dénommé Traité sur la stabilité, la coordination et la gouvernance (TSCG), sera signé le 2 mars 2012 et entrera en vigueur le 1er janvier 2013.

Ce second plan qui sera ratifié en février 2012, marque un temps d'arrêt dans la crise grecque. L'annonce d'un référendum par Georges Papandréou le 1er novembre 2011 pour l'entériner met fin à sa carrière politique. Il l'annule suite à l'opposition de Angela Merkel et de Nicolas Sarkozy. Cette opposition est considérée par certains comme un exemple du déficit démocratique dont souffre l'Europe.

DEUXIÈME PÉRIODE

C'est une autre maladresse politique qui replonge la Grèce dans la crise au moment où certains espéraient une sortie. En décembre 2014, Antonis Samaras, premier ministre, décide d'avancer la date de l'élection présidentielle afin d'obtenir un résultat favorable à son parti. C'est un échec. Le gouvernement est obligé de tenir des élections législatives. Elles ont lieu le 25 janvier 2015, et consacre la victoire de Syriza, parti qui se situe à la gauche de Pasok, le parti socialiste grec. Commence alors la seconde période de

l'économie de plusieurs nations dont la France et l'Autriche.

1. Les accords de Bâle visent à uniformiser la réglementation bancaire dans le monde au travers d'accords successifs dénommés Bâle I, II et III. Bâle III exige des banques un capital égal à 9 % du leur total de leur bilan.

la crise grecque. Alexis Tsipras est nommé premier ministre avec le soutien des souverainistes du Parti des Grecs indépendants (ANEL). La présence de cet ancien membre des jeunesses communistes à la tête du gouvernement jette un froid qui se traduit par une fuite de capitaux et un retrait de dépôts bancaires.[1] L'inexpérience d'Alexis Tsipras et l'arrogance de son ministre des Finances, Yanis Vároufakis, aggravent une situation tendue par cinq ans de crise. Leur analyse de la situation procède d'une vision économique en contradiction avec le credo néolibéral bruxellois. Le clash est inévitable. Il se conclut par une humiliante et désastreuse défaite, en dépit d'un référendum, tenu le 5 juillet, qui avalisait les options de l'équipe au pouvoir.

Troisième plan d'aide

Cette défaite prend la forme d'un protocole d'entente en date du 11 août 2015. Ce troisième plan d'aide comprend trois dispositions importantes : un crédit de 86 milliards d'euros sur trois ans dont 25 milliards sont destinés à la recapitalisation des banques, un programme de privatisations de 50 milliards d'euros et un programme d'investissements de 35 milliards. En contrepartie, la Grèce s'engage à transformer son déficit primaire (–0,25% du PIB en 2015)[2] en un surplus (3,5 % en 2018), à réformer en profondeur son système de retraite, à assouplir les règles qui régissent le marché du travail, à moderniser et dépolitiser son secteur public. Le produit des privatisations servira pour moitié au remboursement des fonds utilisés

1. Les avances des banques étrangères tombent de 66 à 36 milliards de dollars de décembre 2014 à mars 2015 (Banque pour les règlements internationaux – Table 9A). Dans le même temps, le total du bilan des banques grecques passe de 38 milliards à 13 milliards d'euros (Banque nationale de Grèce – *Monetary Financial Institutions*).

2. Le déficit primaire exclut la charge de la dette.

à la recapitalisation des banques, et pour un quart à la réduction de la dette grecque. Le dernier quart participera au financement du programme d'investissements. Dans un communiqué de presse du 14 août, l'Eurogroup se montre confiant de l'engagement futur du FMI aux côtés des Européens. Cette déclaration surprend car dans sa note du 14 juillet, le Fonds fait d'une réduction de la dette un préalable à tout nouveau crédit.

Le montant des privatisations s'élève à 58 % du plan d'aide. Ainsi, les Grecs fournissent-ils en fait l'essentiel des fonds destinés à les aider, à supposer bien sûr que les privatisations se déroulent comme prévu. Dans sa note du 26 juin 2015, le FMI estime que le montant est irréaliste.[1] Il représente 28 % du PIB 2014. Certains considèrent que ce programme brade les actifs grecs au profit d'entreprises européennes ou extra-européennes.[2]

Toute-puissance de la BCE

Alexis Tsipras a surévalué ses forces. Fort du soutien populaire, il croyait pouvoir faire bouger les lignes. Mais alors qu'il négociait à Bruxelles, l'économie grecque était sous perfusion, la BCE lui injectant les liquidités dont elle avait besoin pour éviter l'asphyxie due à la fuite des capitaux et au retrait des dépôts. Ces avances, faites au titre de l'assistance de liquidité d'urgence,[3] sont sujettes à l'approbation du conseil de la BCE où l'Allemagne jouit d'une autorité indéniable. À tout moment, elle pouvait y mettre son veto. La probabilité d'une telle éventualité

1. « *Greece : Preliminary Draft Debt Sustainability Analysis* », IMF, June 26, 2015.

2. « *Greece, the Sacrificial Lamb* », Joseph Stiglitz, *International New York Times*, 27 juillet 2015. La privatisation de quatorze aéroports grecs au profit de l'entreprise allemande Fraport-Sientel. Difficile pour les Grecs de ne pas se sentir spolier.

3. « *Emergency Liquidity Assistance* » ou ELA.

augmentait à mesure que les sommes avancées s'élevaient. Nulles en décembre 2014, elles atteignirent 89 milliards d'euros en juin 2015. Dans le même temps, la Grèce faisait usage du système de transferts transeuropéens, régis par la BCE, pour payer ses importations.[1] Le solde débiteur de la Grèce doubla en six mois pour atteindre 108 milliards d'euros en juin. En six mois, la BCE a donc avancé 197 milliards d'euros à la Grèce, soit 110 % de son PIB.[2] Les États membres étant conjointement responsables au sein de la BCE, cette fuite en avant ne pouvait durer, réduisant à néant la marge de manœuvre d'Alexis Tsipras. Parallèlement, au plan politique, sa position était précaire car si les Grecs étaient prêts à le soutenir dans sa renégociation, ils ne l'étaient pas à quitter l'euro ou l'Europe.

Le Premier ministre n'avait alors d'autre choix que de rendre les armes. Ce qu'il fit en acceptant les termes d'un plan d'aide plus durs que ceux négociés par son prédécesseur. Yanis Varoufakis préféra démissionner. Cet économiste de talent, conscient de la puissance de la BCE, avait-il prévu cette asphyxie de l'économie grecque ? Était-ce l'objet du plan B d'y faire face ? Pourquoi les Grecs souhaitent-ils rester dans l'Europe ? Parce que la Grèce est l'un des pays bénéficiaires du budget européen. Sur la période 2000-2014, les sommes reçues égalent 2,1 % de son PIB. Ils craignent qu'une sortie de l'euro n'entraîne une sortie de l'Europe et donc la disparition de cette manne. Ainsi que le note en titre le journal *Les Échos* : « Menacé d'un Grexit, Tsipras est rentré dans le rang » et a du même coup renié ses promesses électorales.[3]

1. Ce système est connu sous le nom de Target2.

2. À cette somme s'ajoute la dette publique grecque.

3. 28 décembre 2015.

Évaluation du protocole

Après sa démission, Vároufakis se livre alors à une analyse sévère du protocole. L'amertume de la défaite explique le ton acerbe de ses critiques. Cependant, comme le note Mohamed El Erian qu'on ne peut soupçonner de « gauchisme » en raison de ses fonctions,[1] son diagnostic est pertinent.[2] Que recommande-t-il ? Un plan d'austérité amendé, un programme de réformes structurelles revu pour tenir compte de son impact social et une réduction de la dette. Qu'ont imposé les Européens ? Un copié-collé plus radical que les deux plans précédents. Comment imaginer qu'il réussisse quand les précédents ont échoué ? Cette obstination laisse pantois. Ce troisième plan est utopique quand il parle de croissance durable, hypocrite quand il demande aux autorités grecques de « s'approprier » des mesures impopulaires, et cynique quand il exige que toute décision soit soumise à l'accord préalable des autorités européennes, mettant de fait la Grèce sous tutelle. Plutôt que d'empiler les réformes, peut-être eut-il été plus judicieux et plus efficace d'altérer la structure politique de l'État grec pour transférer le pouvoir des oligarques au peuple ?

L'Allemagne a joué un rôle central dans cet épisode. Elle s'est montrée intransigeante tout au long des négociations. Son ministre des Finances, Wolfgang Schäuble, a été jusqu'à suggérer une sortie temporaire de la Grèce – thème tabou pour les fédéralistes mais qui avait été évoqué par Angela Merkel lors du second plan. La France qui a adopté un point de vue plus modéré, n'a eu aucun effet sur le résultat final. Ce plan qui a fait l'objet de nombreux commentaires et critiques, conduit à s'interroger sur son impact futur.

1. Mohamed El Erian est conseiller économique en chef d'Allianz et membre de son comité exécutif international.

2. « *In Defense of Varoufakis* », *Project Syndicate*, July 29, 2015.

D'anodine à l'origine, la crise grecque a pris au fil du temps une dimension européenne aux répercussions imprévisibles. Pour tenter de démêler cet écheveau qu'elle est devenue, analysons-en la nature et les questions qu'elle soulève.

UNE CRISE DIFFICILE À APPRÉHENDER

La crise grecque débute avec l'entrée de la Grèce dans l'Union européenne en janvier 1981. Cette année-là, sa croissance est négative (–1,6%), son inflation deux fois et demie plus élevée que la moyenne des principaux pays développés (24,4 % contre 10,3 %) et son déficit budgétaire très supérieur à celui de ses voisins européens.[1] En 2000, année précédant son entrée dans l'euro, sa situation s'est nettement améliorée. Sa croissance excède la moyenne de la zone euro (4,5 % contre 3,8 %) et son inflation est légèrement supérieure (2,9 % contre 2,2 %). Son déficit budgétaire a été ramené à un niveau raisonnable (3,6 % du PIB) mais son endettement est quatre fois supérieur à ce qu'il était en 1981 (99,5 % contre 25,1 % du PIB). Bien que ne satisfaisant pas aux critères de Maastricht, la Grèce n'en est pas moins admise dans l'euro. Mais l'amélioration rapide de ses comptes ne fait pas illusion à Bruxelles. Dans une interview accordée à France info en juin 2011, Pascal Lamy déclare qu'il n'était « pas très correct d'aller chercher des poux dans la tête des Grecs parce que leurs statistiques étaient bidonnées ».[2]

En admettant la Grèce dans le cercle restreint des membres de la zone euro, l'Allemagne souhaite se faire pardonner les crimes nazis pendant la Seconde Guerre mondiale.[3] La

1. Perspectives de l'économie mondiale, avril 2015.

2. Pascal Lamy est directeur général de l'Organisation mondiale du commerce.

3. La conférence interalliée de janvier 1946 condamna l'Allemagne a payé

France veut renforcer la périphérie de la zone euro (Italie, Espagne, Portugal) pour faire contrepoids à l'Allemagne.[1] L'Italie y voit un moyen de justifier son endettement public. Enfin, l'Allemagne et la France voient en l'agrandissement de la zone la preuve de son succès. À l'aune des critères d'une zone monétaire optimale, la Grèce n'aurait jamais dû faire partie de l'euro. Ses difficultés actuelles en témoignent. L'économie a cédé la préséance au politique.

Une occasion manquée

Après son entrée dans l'euro et jusqu'à la crise des subprimes, la performance de l'économie grecque est proche de celle de la zone à l'exception du solde de la balance des comptes courants qui se dégrade dès 2005. La Grèce fait face à un afflux de capitaux étrangers, plus faible que celui de l'Espagne en nominal mais plus élevé en pourcentage du PIB. Pour la période 2001-2009 : ces fonds proviennent des banques étrangères (97 milliards), du budget européen (56 milliards) et des investissements étrangers directs nets (1,4 milliard), soit 154 milliards au total ou 8,5 % du PIB sur la période. Qu'est-il advenu de ces sommes ? Nul ne le sait. Les statistiques font défaut. Une partie a été utilisée pour financer les dépenses sociales qui passent de 19,2 %

$7.1 milliards à la Grèce en compensation du pillage de la Wehrmacht. Selon l'historien allemand, Karl Heinz Roth, elle n'aurait versé qu'un soixantième de cette somme. Daniel Cohen-Bendit et Philippos Sahinidis, secrétaire d'État grec aux Finances, ont soutenu des points de vue similaires. À noter que le plan Marshall exigea des récipiendaires le renoncement à toutes réparations éventuelles – la question étant repoussée *sine die*.

1. Lors des discussions sur l'entrée de la Grèce dans la Communauté économique européenne, Giscard d'Estaing avait déclaré péremptoirement : « on ne ferme pas la porte à Platon ». Il espérait ainsi contrebalancer l'adhésion du Royaume-Uni. « Grèce-Union européenne : retour sur une relation de presque trente-cinq ans », Alain Salles, *Le Monde*, 29 juin 2015.

du PIB en 1999 à 24,4 % en 2009.[1] Le budget des pensions double de 14,9 milliards d'euros en 1999 à 31,2 milliards en 2009. Une chose est sûre : ces sommes n'ont pas servi à accroître la compétitivité de la Grèce. Celle-ci s'effondre, les gains de salaire excédant les gains de productivité de 1999 à 2009. Sur une base de 100 au premier trimestre 1999, l'indice du coût unitaire du travail en Grèce est monté à 120 au quatrième trimestre 2009.[2] Il en résulte une perte de compétitivité que le FMI évalue entre 20 et 30 % dans son rapport de mai 2010.[3] En 2009, son compte courant présente un solde négatif de 13,3 % du PIB contre 6,8 % en 1999, soit un doublement de son déficit en dix ans. Pour son directeur général, Dominique Strauss-Kahn, « il n'y a pas d'autre issue possible pour les Grecs que de devenir plus compétitifs. Le seul moyen efficace qui reste est la déflation. C'est exactement ce que la Commission européenne a recommandé, fort à propos. Cela signifie des salaires en baisse, et des prix en baisse. »[4] Otmar Issing, ancien économiste en chef de la BCE, émet une opinion similaire.[5]

Devenue membre de l'euro alors que structurellement, elle ne satisfaisait pas aux critères de Maastricht, la Grèce a gaspillé la chance qui lui était offerte de moderniser son économie. Ses décideurs portent une lourde responsabilité dans ses difficultés d'aujourd'hui. Cette incurie se traduit par une augmentation de la dette qui atteint 126,8 % du PIB en 2009, et n'a cessé d'augmenter depuis.

1. Source : OCDE factbook.

2. Source : Banque centrale européenne, indicateurs de compétitivité harmonisés. L'Allemagne a suivi une politique diamétralement opposée. Son coût unitaire est tombé à 89 au quatrième trimestre 2009. Il était de 105 pour la France.

3. « *Greece : Staff Report on Request for Stand-By Arrangement* », mai 2010.

4. *Les Échos*, 19 avril 2010.

5. *International Herald Tribune*, 11 août 2011.

Des plans d'aide ineptes

Le diagnostic est établi (perte de compétitivité) et la prescription agréée (dévaluation interne : baisse des salaires et des prix). Il ne reste plus qu'à rédiger les plans d'aide. Nous en avons donné un résumé, faisons-en un bilan à fin 2014. Il est catastrophique. La Grèce connaît une crise égale à celle qu'ont connue les États-Unis après le krach boursier de 1929. Son PIB chute de 25 % de 2009 à 2014, son chômage s'élève à 26,5 % et celui de ses jeunes à 52,4 %. Son déficit budgétaire diminue de 15,3 % du PIB en 2009 à 3,5 % en 2014,[1] mais cela n'empêche pas sa dette publique de croître : 317,1 milliards en 2014 (177.1 % du PIB) contre 273,5 milliards d'euros en 2009 (126.8 % du PIB), soit une augmentation de 16 % en cinq ans (voir tableau 4, ci-dessous). Le solde déficitaire des comptes courants présente une nette amélioration (2,2 % du PIB en 2014 contre 13,3 % en 2009) due en partie à la baisse du coût unitaire de main-d'œuvre (92,2 en 2014). Avec de tels remèdes, le patient mourra guéri.

Milliards d'euros	Banques	Prêts bilatéraux EFSF	BCE (ALU)*	BCE (Target2)	Total
Décembre 2009	148,8	26,0	49,7	49,0	273,5
Décembre 2014	37,5	173,2	57,1	49,3	317,1
Variations	**-111,3**	**147,2**	**7,4**	**0,3**	**43,6**

* Assistance de liquidité d'urgence

TABLEAU 4. DÉTENTEURS DES PRÊTS À LA GRÈCE.

1. Cette amélioration est récente. En 2013, le déficit est de 12,3 % du PIB.

Au vu des résultats obtenus, la question se pose de savoir quel était l'objet de ces plans. Dans l'esprit des Européens, il s'agissait d'aider la Grèce à passer un cap difficile. Le premier plan n'ayant pas donné les résultats escomptés, on attribue son échec à la mauvaise volonté des Grecs ce qui est en partie vrai, et on en établit un second qui ressemble comme un frère au premier. En vérité, la Grèce fait face à une situation plus compliquée qu'il n'y paraît. Les Européens ne peuvent l'admettre car ce serait reconnaître l'erreur commise lors de son adhésion. Dans son étude du 10 mai 2010,[1] le FMI note que la Grèce doit relever un double défi : réduire un déficit fiscal élevé tout en réalisant une dévaluation interne qui aura pour effet de diminuer sa croissance et d'entraîner une détérioration du bilan des banques. Implicitement, le Fonds reconnaît la difficulté qu'il y aura à atteindre des objectifs opposés. Pour y parvenir, il prescrit un programme fiscal destiné à augmenter les revenus et à réduire les dépenses, une réforme des retraites et un programme ambitieux de réformes structurelles. Il préconise également une réforme des marchés oligopolistiques et s'inquiète de l'impact du programme sur le secteur bancaire. Il conclut que la dette de la Grèce est viable[2] en dépit de son niveau élevé. Avec le temps, cependant, le ton change et devient de plus en plus sceptique sur la capacité des plans d'aide à remettre l'économie grecque sur pied. Le Fonds fait même amende honorable dans son analyse du 20 mai 2013 reconnaissant que ses hypothèses sur le multiplicateur fiscal se sont révélées optimistes.[3] Il va plus loin dans son analyse du

1. « *Staff Report on Request for Stand-By Arrangement* ».

2. Les auteurs utilisent souvent le terme « soutenable », traduction de « sustainability ». Les termes « viable » ou « supportable » nous paraissent préférables à cet anglicisme.

3. Le multiplicateur fiscal est le ratio qui relie le budget au PIB. Une augmentation ou une diminution des dépenses budgétaires entraîne un accroissement ou

14 juillet 2015. Arguant pour la première fois que la dette grecque n'est pas tenable à terme, il considère qu'il ne peut participer à un troisième plan d'aide si elle n'est pas réduite préalablement. C'est un pavé dans la mare, Berlin étant par principe opposé à toute annulation de dette. Cette question doit être discutée à l'automne.[1] À l'évidence, les deux premiers plans d'aide souffrent d'un défaut d'analyse de la part des Européens et d'une complaisance coupable de la part du FMI. Cela ne diminue en rien la culpabilité grecque. À titre d'exemple, le montant des pensions versées aux retraités augmente de 4 % de 2009 à 2012 alors qu'il était censé diminuer.

Les deux premiers plans d'aide totalisant 230 milliards d'euros, une autre question se pose: qu'est-il advenu de ces sommes? Il n'existe aucun état permettant de l'établir avec certitude. Les banques et les institutions internationales en sont les premiers bénéficiaires. L'encours des banques étrangères tombe de 148,8 milliards d'euros en décembre 2009 à 37,5 milliards en décembre 2014, soit une baisse de 111,3 milliards en cinq ans. Dans sa note du 20 mai 2013, le FMI note que les créanciers privés mirent à profit le délai qui précéda l'adoption du second plan d'aide pour réduire leurs encours en en transférant indirectement une partie aux organismes officiels.[2] Les banques grecques furent aussi les bénéficiaires de cette manne au travers de

réduction du PIB. La difficulté réside dans la détermination de ce ratio.

1. Dans un récent document (*op.cit.*), la Commission européenne reconnaît que la viabilité de la dette grecque pose problème.

2. *Ex Post Evaluation. International Monetary Fund*, May 20, 2013. Ce transfert s'est fait pour partie au travers d'un programme d'achat de titres de la BCE, le Securities Market Program (SMP). La perte de 50 % imposée par le second plan d'aide n'a donc eu qu'un effet minimal puisque les banques avaient déjà réduit leurs encours sur la Grèce. Cette bienveillance des autorités européennes à l'égard des banques se justifie par l'aphorisme, né de la crise des subprimes, et désormais admis que certaines banques sont « trop grosses pour faire faillite ».

deux plans de recapitalisation. Enfin, une partie des aides servit à payer les arriérés d'intérêts et échéances échues des organismes officiels. Le reste est allé à la Grèce, c'est-à-dire peu de chose. Contrairement à une opinion largement répandue qui veut que les Grecs aient abondement profité des plans d'aide, ils n'en ont reçu que la portion congrue.[1]

Le premier créditeur de la Grèce est l'Allemagne, le second la France et le troisième l'Italie. L'Espagne vient en quatrième position (tableau 5 ci-dessous).

	Prêts bilatéraux	Prêts EFSF EFSF	BCE (obligations)	BCE (Target2)	Total
Allemagne	15,2	38,1	7,0	26,4	**86,7**
France	11,4	28,6	5,5	20,8	**66,3**
Italie	10,0	25,2	4,8	18,1	**58,1**
Espagne	6,7	16,7	3,4	13,0	**39,8**
Autres	9,6	22,3	6,5	22,0	**60,4**
Total	**52,9**	**130,9**	**27,2**	**100,3**	**311,3**

Source : *Business Insider*, 9 juillet 2015

Tableau 5. Encours des principaux créditeurs (milliards d'euros).

Liquidité ou solvabilité

Dans son document du 10 mai 2010, le FMI avait correctement souligné la difficulté, pour ne pas dire

1. Joseph Stiglitz, « *How I would vote in the Greek Referendum* », *Project Syndicate*, 29 juin 2015.

l'incohérence, des buts recherchés puisqu'il fallait tout à la fois réduire le déficit budgétaire et la dette alors que la dette allait mécaniquement augmenter (en pourcentage du PIB) en raison de la récession (baisse du PIB en valeur absolue) que la réduction du budget entraînerait. Pour contourner la difficulté, le Fonds propose d'agir prioritairement sur le front budgétaire tout en amorçant sans tarder les réformes structurelles, censées remettre l'économie grecque sur le chemin de la croissance. La politique laxiste de la BCE à l'égard de la Grèce aidant, l'ajustement sera douloureux mais limité dans le temps.[1] Las, les choses ne se sont pas passées comme prévu. Les Grecs ont traîné des pieds dans l'adoption des réformes structurelles et l'impact budgétaire fut beaucoup plus violent qu'attendu (d'où l'amende honorable faite par le FMI quelques années plus tard). Les prévisions se révèlent optimistes et doivent être revues à la baisse régulièrement. La récession qui ne devait durer que trois ans dans les prévisions de mai 2010, s'étend sur cinq ans dans celles de mai 2014. Le budget primaire qui devait présenter un solde positif de 5,9 % du PIB dans les prévisions de mai 2010, ne s'élève qu'à 1,5 % dans celles de mai 2014 (tableaux 6A et 6B, page suivante). Quant à la dette qui devait diminuer, elle ne cesse d'augmenter en valeur absolue et en valeur relative (tableau 6C). Dans sa prévision du printemps 2015, la Commission européenne l'évalue à 177,1 % du PIB grec en 2014.[2]

1. Il est explicitement prévu que les classes défavorisées ne seront pas ou peu affectées par les mesures adoptées.

2. Dans le second plan d'aide, il était prévu que la dette publique grecque tombe à 120 % du PIB en 2020. Dans le troisième plan, il est prévu que ce ratio soit de 165 % en 2020.

Tableau 6A. Prévisions du FMI (% PIB), mai 2010							
	2009	2010	2011	2012	2013	2014	2015
Croissance	-2,0	-4,0	-2,6	1,1	2,1	2,1	2,7
Budget primaire	-8,6	-2,4	-0,9	1,0	3,1	5,9	6,0

Tableau 6B. Prévisions du FMI (% PIB), mai 2014							
	2009	2010	2011	2012	2013	2014	2015
Croissance	-3,1	-4,9	-7,1	-7,0	-3,9	0,6	2,9
Budget primaire	-10,1	-3,2	-2,4	-1,3	0,8	1,5	3,0

Tableau 6C. Prévisions du FMI, mai 2014							
Dette publique	2009	2010	2011	2012	2013	2014	2015
Milliards d'euros	273,5	326,9	355,2	303,9	318,7	317,0	321,2
Pourcentage du PIB	127,0	142,5	170,3	157,2	175,1	174,2	171,0

Les difficultés d'une entreprise industrielle ou commerciale peuvent s'expliquer par un problème de liquidité ou de solvabilité. Dans le premier cas, un crédit-relais ou un crédit de campagne soulagera sa trésorerie et lui permettra de passer ce cap difficile. En revanche, s'il s'agit d'un problème de solvabilité, la question est beaucoup plus sérieuse car cela signifie que l'entreprise n'est pas compétitive. Pour survivre, elle doit procéder à un profond examen de son mode opératoire et adopter une nouvelle stratégie. Ce n'est plus d'un simple crédit à court terme dont elle a besoin mais de capital, c'est-à-dire de capitaux à long terme qui seront investis en R&D, en formation, en équipements, en équipes commerciales, etc. L'opération est beaucoup plus complexe. Il en va de même d'une nation. Le FMI savait que la Grèce faisait face à un problème de solvabilité.[1]

1. Les opinions sont partagées à ce sujet. Ainsi, Paul De Grauwe, professeur à la *London School of Economics*, considère-t-il qu'il s'agit d'un problème de liquidité (« *Greece is Solvent but Illiquid* », CEPS, 18 June 2015).

Mais, pour le résoudre il a proposé en coopération avec les instances européennes un crédit relais de trois ans en 2010. Le second plan d'aide prévoit un allongement de ce crédit et un abaissement de son taux d'intérêt mais sans « capitaux à long terme » susceptibles d'être investis pour accroître la compétitivité de la Grèce. Ajouter de la dette à de la dette, comme le font les deux premiers plans, ne pouvait donner de résultat satisfaisant. Le troisième plan qui prévoit un programme d'investissement de 35 milliards d'euros va dans la bonne direction – encore qu'il soit permis de douter de la réalité de ce montant compte tenu de l'état des finances de la Communauté – sans cependant aller jusqu'au bout puisqu'il n'inclut pas d'abandon de créances. Il échouera donc comme les deux premiers.

En conclusion, la prescription du Fonds (et des instances européennes) ne correspond pas au diagnostic qui lui était juste.[1] L'échec était inévitable d'autant que les autorités grecques ont mis de la mauvaise volonté, tout au moins initialement, à tenir leur part du marché qu'ils avaient conclu avec la troïka. Dès lors, il ne faut pas s'étonner que loin de s'améliorer la situation de la Grèce se détériore et que sa dette devienne non-viable, comme le reconnaît désormais le FMI. L'économie grecque est entrée dans un cercle vicieux dont elle ne peut sortir que par un abandon de créances. Mais, cet abandon pose problème car la dette est détenue essentiellement par le FESF. *In fine*, ce sont donc les Européens qui en supporteront le coût.

Bref aperçu de la société grecque

La Grèce est une dyarchie contrôlée par des oligarques et l'Église orthodoxe avec l'armée en arrière-plan. Antonis Samaras et Georges Papandréou, anciens Premiers ministres,

1. « *The Costs of Greece's Fiscal Consolidation* », IMK, mars 2015.

sont des oligarques.[1] L'Église ne paie pas d'impôt. De 2000 à 2014, en valeur relative, les dépenses militaires de la Grèce sont près du double de celles de l'Allemagne (2,9 % du PIB contre 1,4 %).[2] Les fournisseurs d'équipements militaires sont les États-Unis (42 %), l'Allemagne (22,7 %) et la France (12,5 %).[3] La société grecque est corrompue. Dans son classement 2014, Transparency International la classe au 69e rang, derrière la France (26e), l'Allemagne (12e) et le Danemark (1er). Cette corruption tient à une administration fiscale déficiente et à une organisation de son économie biaisée. Ainsi, par exemple, la Grèce ne dispose-t-elle pas de cadastre fiscal. L'État contrôle 40 % de son économie et près de 20 % des transactions se font sur le marché noir.[4] Le reste de l'économie est constitué de marchés oligopolistiques, sources de rentes pour les entreprises ou familles qui les exploitent, et dénoncés par le FMI dans son rapport de mai 2010.[5] Comment s'étonner dans ces conditions du peu de légitimité dont jouit le gouvernement et de l'avènement d'un parti fascisant, l'Aube dorée ? Consciente de son illégitimité, l'oligarchie de droite et de gauche adopte des mesures démagogiques pour conserver le pouvoir. Cette situation explique pourquoi, par exemple, le montant des retraites croît au-delà de l'évolution démographique alors qu'il devrait être contenu. Joseph Stiglitz, ancien économiste en chef du Fonds et prix Nobel d'économie, déplore à juste titre que les réformes susceptibles de réduire le pouvoir des oligarques ne font

1. « *How Greece's Political Elite ruined the Country* », *Der Spiegel International*, 5 juillet 2011.

2. SIPRI 2015. La moyenne de la France est 2,4 %.

3. « *Less Healthcare, but Greece is still buying Guns* », *The Independent*, 6 novembre 2011.

4. « *Size et Development of the Shadow Economy* », Friedrich Schneider, 15 janvier 2015.

5. « *Staff Report on Request for Stand-By Arrangement* », FMI, mai 2010.

pas partie des demandes inscrites dans les plans d'aide.[1] Le même commentaire s'applique aux forces armées. Aucun effort ne leur a été demandé à ce jour.[2]

Ressort de ces observations une image désastreuse de la Grèce, largement véhiculée par la presse. Elle n'en est pas moins inexacte et injuste. Ainsi, les Grecs seraient-ils paresseux alors qu'ils travaillent plus que les Allemands (2042 heures annuellement contre 1371). S'il est vrai que les Grecs n'ont pas tenu leurs engagements initialement, ils ont accompli de réels efforts récemment pour satisfaire aux exigences de la troïka. Ainsi, par exemple :

- Le déficit budgétaire a été ramené de 15,3 % en 2009 à 3,5 % en 2014 (3,8 % pour la France).
- Le salaire minimum a été abaissé de 14 %.
- La durée de cotisation des retraites a été portée de 37 à 40 ans.
- L'âge de départ à la retraite est passé de 60 à 65 ans.
- Le montant moyen des pensions a été réduit de 1350 à 833 euros.
- L'emploi dans la fonction publique est de 651717 personnes en 2014 contre 907351 en 2009, soit une baisse de 25 % en cinq ans.
- Les rémunérations de la fonction publique ont été abaissées.
- La TVA a été augmentée de 21 à 23 %.

Le PIB par habitant est tombé de 21400 euros en 2009 à 17000 en 2014, soit une baisse de 21 %, un chiffre qui ne rend pas compte du coût humain des plans d'aide.[3] Humilier

1. « *Greece, the Sacrificial Lamb* », *International New York Times*, 27 juillet 2015.

2. L'armée justifie la taille du budget militaire par la menace turque. Cette menace est plus virtuelle que réelle. Les deux nations étant membres de l'OTAN, un conflit est improbable.

3. Dans une lettre adressée à Angela Merkel, cinq économistes (Thomas Piketty,

la Grèce, comme elle l'a été en juillet 2015, est indécent et contre-productif quelles que soient ses faiblesses et ses manquements. La nation responsable de cette humiliation a beaucoup à se reprocher dans son histoire.

VISION ALLEMANDE DE LA CRISE

L'Allemagne considère que la crise de l'euro est due à l'irresponsabilité fiscale des pays de la périphérie. Elle se voit en victime de la crise quand il lui est demandé de venir en aide à ces États imprévoyants. Elle fait une analyse morale et non économique de la crise ce qui explique sa réponse. Les pêcheurs doivent payer pour leurs fautes. Cette analyse a sa part de vérité, en particulier dans le cas de la Grèce. Mais elle pèche par son ton moralisateur qui satisfait les intérêts allemands. L'excédent commercial de l'Allemagne en zone euro se traduit nécessairement par un déficit équivalent dans les nations les moins compétitives, c'est-à-dire celles de la périphérie. Ce déficit a été financé par les banques allemandes et françaises dans les années 2000. Le retour à l'équilibre budgétaire dont elle s'est fait l'avocate est déflationniste s'il n'est accompagné de mesures de relance. Elle rejette ces mesures qui encourageraient la consommation des ménages allemands et mettraient à mal son modèle économique basé sur l'exportation. L'Allemagne a sa part de responsabilité dans la crise.

Allemagne : fausse souplesse et vraie raideur

La décision d'aider la Grèce marque un tournant dans la vie de l'Union économique et monétaire. Sous la pression des événements, l'Allemagne accepte la création du FESF puis du MES. L'article 125 du traité sur le fonctionnement

Jeffrey Sachs, Heiner Flassbeck, Dani Rodrik et Simon Wren-Lewis), dénoncent le coût humain des plans d'aide qui « saignent le patient sans le guérir ».

de l'Union européenne[1] qui, rappelons-le, dégage l'Union européenne et ses membres de toute responsabilité à l'égard des engagements financiers des autres membres, connu sous le nom de clause de non-sauvetage,[2] cède la préséance à l'article 122.2 du traité de Lisbonne qui stipule que : « Lorsqu'un État membre connaît des difficultés... en raison... d'événements exceptionnels échappant à son contrôle, le Conseil... peut accorder, sous certaines conditions, une assistance financière de l'Union à l'État membre concerné ». La crise grecque oblige les Européens à reconsidérer les principes fondateurs de l'euro. Le néolibéralisme du traité de Maastricht en ressort amoindri. Autre entorse au credo allemand, le 3 mai 2010, la BCE apporte son soutien à la Grèce, en acceptant de prendre en pension ses obligations quelle que soit leur notation financière – façon discrète de circonvenir à l'interdiction d'aider les États membres pour calmer les marchés financiers et éviter une contagion de la crise.[3] L'Allemagne compense ces modifications qu'elle accepte à contrecœur par de nouvelles conditions et un durcissement de l'euro. Les banques doivent enregistrer une perte de 50 % sur leurs créances. Les critères d'accession aux prêts du MES sont draconiens. Tous les États membres sont soumis à une nouvelle règle : la règle d'or qui les oblige à équilibrer leurs comptes. Cette dernière mesure est déflationniste en l'absence de budget fédéral susceptible d'en compenser les effets. Les États membres, tout au moins les plus vulnérables, paient au prix fort le ralliement de l'Allemagne au soutien

1. L'article 125 (1) du traité sur le fonctionnement de l'Union européenne (TFUE) reprend l'article 104 b du traité de Maastricht (voir « Une philosophie néolibérale » dans le chapitre précédent).

2. « *non-bailout clause* ».

3. Depuis avril 2010, les obligations d'État de la Grèce sont jugées spéculatives (BB+) par Standard & Poor's.

de la Grèce ce à quoi les Allemands répondent qu'ils sont les premiers banquiers de la Grèce.

La crise grecque pose la question de l'appartenance de la Grèce à l'Union économique et monétaire, et renvoie à l'optimalité de la zone euro. Pendant la première période, des voix s'élèvent demandant sa sortie. Les chefs d'État et de gouvernement lui réitèrent leur soutien dans leur déclaration du 25 mars 2010. Officiellement, l'unité de la zone euro est préservée. Mais, l'Allemagne a une position ambiguë, comme l'indique la déclaration de la chancelière devant le Parlement allemand.[1] Lors de la seconde période, Wolfgang Schäuble lèvera le voile sur la position allemande en suggérant une sortie temporaire – « temporaire » ou définitive ? Ce message s'adresse tout autant aux pays de la périphérie qu'à la Grèce. Il s'adresse aussi à la France. L'Allemagne notifie ses partenaires qui seraient tentés d'assouplir de nouveau les règles régissant l'euro, qu'il n'en est pas question. Une ligne a été tracée dans le sable. Elle ne saurait être franchie. Les États membres devront se soumettre ou se démettre. Cette raideur qui en a surpris plus d'un, va à l'encontre de l'esprit de solidarité qui prévalait à la naissance de l'Europe. Elle fait fi de la démocratie quand le ministre des Finances allemand dit à ses collègues européens : « les élections ne signifient rien ». Elle fait le lit des partis extrémistes. Elle condamne l'euro si l'Allemagne s'y tient.

Une question de principe

Cette raideur ignore également une évidence que Ben Bernanke, ancien gouverneur de la Réserve fédérale a

1. Le 17 mars 2010, la chancelière a déclaré devant le Parlement allemand : être favorable à l'exclusion d'un pays de la zone euro « si les conditions [budgétaires] ne sont pas remplies... », *Les Échos*, 8 avril 2010.

relevée, à savoir que l'équilibre de la balance commerciale est une obligation qui s'impose non seulement aux nations déficitaires, comme la Grèce, mais aussi aux nations excédentaires, comme l'Allemagne.[1] Comme nous l'avons rappelé dans le premier chapitre, le célèbre économiste anglais, John Maynard Keynes, rédacteur auxiliaire des accords de Bretton Woods – le rédacteur principal étant Harry Dexter White du Trésor américain – avait préconisé que l'obligation d'équilibrer la balance commerciale incombe non seulement aux nations déficitaires mais aussi aux nations excédentaires. Il avait observé que dans un système de taux de change fixe, comme l'était l'étalon-or et comme le sera le système de Bretton Woods, l'obligation faite aux seules nations déficitaires avait un effet dépressif sur l'économie mondiale. Il ne fut pas écouté mais le concept n'en fut pas moins inscrit sous une forme sibylline dans l'article IV des statuts du Fonds. Aussi, chaque année les nations font-elles l'objet d'une analyse au titre de cet article. En outre, le Fonds rédige un rapport synthétique sur l'évolution du « secteur externe », c'est-à-dire de la balance commerciale, accompagné d'une évaluation par pays.

Cette année, le Fonds a troqué son langage diplomatique pour un discours plus direct enjoignant nations déficitaires et excédentaires à prendre les mesures nécessaires pour rééquilibrer leurs comptes externes. La Grèce fait partie des nations structurellement déficitaires avec la France, la Grande-Bretagne et les États-Unis. L'Allemagne fait partie des nations structurellement excédentaires avec la Corée du Sud et la Chine. Elle est la nation dont la balance commerciale est la plus élevée au monde en termes absolus et relatifs. En moyenne annuelle, son excédent commercial

1. « *Greece and Europe: Is Europe holding up its End of the Bargain?* » – Ben S. Bernanke, 17 juillet 2015

s'élève à 6,5 % de son produit intérieur brut depuis 2006. Elle est en infraction des règles de la zone euro qui impose une limite de 6 %. La solution du problème grec passe donc aussi par une révision de la politique économique allemande, à savoir une réduction de l'épargne et un accroissement de la consommation et des investissements afin de conforter la fragile croissance européenne et d'aider indirectement la Grèce.

En faisant intervenir le FMI, l'Europe fait porter une partie du coût de l'aide à la Grèce par le reste du monde. Les pays émergents, membres du conseil d'administration du FMI, étaient très réticents et firent part de leurs réserves. Leur opposition s'est accrue au fil du temps, compte tenu de la politique allemande. Le dernier rapport révèle aussi les doutes de ses rédacteurs et leur crainte de voir la crédibilité du Fonds entachée par le non-respect des règles. Christine Lagarde qui s'est montrée favorable à la position européenne tout au long de la crise, est désormais en porte-à-faux par rapport à l'institution qu'elle dirige. Les États-Unis qui pèsent lourd dans les décisions du Fonds en raison de leur droit de veto, souhaitent une résolution rapide de la crise afin d'éviter qu'elle ne se propage. Pour autant, ils ne sont pas prêts à la financer. Le Congrès considère qu'il s'agit d'une affaire européenne.

Grexit or no Grexit

Grexit est un néologisme désignant une sortie de la Grèce.[1] L'Allemagne le souhaite (officiellement de façon temporaire) alors que la France s'y oppose. Olivier Blanchard, ancien économiste en chef du FMI, considère qu'elle peut être évitée à deux conditions : un renforcement

1. Contraction des mots anglais *Greece* et *exit*, ce néologisme est dû à Willem Buiter, économiste en chef de Citigroup.

des réformes structurelles et un allongement de la période de remboursement associé à une réduction du taux d'intérêt. Cette solution qui s'assimile à une réduction de la dette, serait acceptable par l'ensemble des partenaires de la Grèce. Elle n'est viable que si l'euro abandonne sa nature allemande pour devenir européen. L'Allemagne n'ayant aucune intention de modifier la nature de l'euro, l'avenir de la Grèce est hors de l'euro. Sa sortie devra être négociée dans le plus grand secret et dans les meilleurs délais. Elle posera l'épineux problème du remboursement de la dette qui devra être différé sur une période aussi longue que possible pour en minimiser l'impact sur l'économie grecque pour permettre à la Grèce de se relever aussi rapidement que possible. Il est déraisonnable de maintenir dans la zone euro un pays que le modèle politique, économique et social exclut.

CONCLUSION

La réponse de l'Europe n'a pas permis de résoudre la crise grecque. Les plans d'aide ont peu profité à la Grèce. Les conditions qui y sont associées, sont draconiennes, inenvisageables dans n'importe quel autre État membre. La BCE a forcé la Grèce à les accepter tout en la sauvant du naufrage. Elles sont une incitation à la révolte. Syriza en a profité dans un premier temps. À terme, c'est peut-être l'Aube dorée qui en bénéficiera. L'Allemagne qui s'est montrée intransigeante tout au long des négociations du printemps 2015 a remporté une victoire. Peut-être perdra-t-elle la guerre ? On ne peut faire le bonheur des peuples malgré eux. Il était inconséquent pour les dirigeants grecs de demander d'adhérer à l'euro et irresponsable de la part des Européens d'accepter. Le moment est venu de l'admettre et d'en tirer les conséquences. Les grands gagnants dans cette affaire sont les fonds spéculatifs américains qui avaient parié sur la mise en place du troisième plan d'aide ainsi que l'Allemagne qui obtient la gestion de quatorze aéroports grecs, prélude aux privatisations imposées par ce plan.[1][2]

1. « *Investors looking for Greece to stabilize* », *International New York Times*, 12 novembre 2015.

2. « *German Firm will operate 14 Airports in Greece* », *International New York Times*, 15 décembre 2015.

IV. Réponse de l'Europe

Dans le chapitre précédent, nous avons décrit les mesures prises par les autorités européennes en réponse à la crise grecque. Dans celui-ci, nous décrivons les mesures prises en réaction à la crise de l'euro. La crise grecque se transforme en crise de l'euro au printemps 2010 quand l'Irlande puis l'Espagne connaissent de sérieuses difficultés. L'Irlande est en récession depuis septembre 2008. L'augmentation du chômage conduit 100 000 Irlandais à manifester le 21 février 2009 à Dublin. La crise irlandaise s'inscrit dans la logique de la crise des subprimes. Les banques irlandaises ont géré leurs actifs de façon irresponsable avec la complicité passive du gouvernement. La crise espagnole est d'une autre nature. Un influx de capitaux investis en projets immobiliers, crée une bulle qui éclate peu après la crise des subprimes. Les crises grecque, irlandaise et espagnole se répercutent sur les autres États membres. La zone euro entre en récession à fin 2011 pour n'en sortir qu'au début 2014.

Les effets de la crise sont d'autant plus douloureux que la crise des subprimes se fait encore sentir en Europe. Des manifestations ont lieu dans plusieurs pays. En Grèce, un parti pro nazi, l'Aube dorée, fait son apparition. En Espagne, les *Indignados* occupent la Plaza del Sol.[1] En Italie, un comique, Beppe Grillo, secoue les assises du pouvoir en obtenant 25 % des suffrages aux élections

1. Les *Indignados* ont créé un parti politique, Podemos, en janvier 2014.

parlementaires. En France, le Front national arrive en tête dans 71 départements lors des élections européennes. Les élections régionales confirment cette avancée du FN même s'il n'emporte aucune région, comme espérée. Un changement de majorité s'opère dans plusieurs pays quelle que soit la couleur politique du parti en place au moment des élections, comme l'ont démontré une nouvelle fois les élections espagnole et portugaise. Cette crise qui intervient alors que la mondialisation crée une dynamique nouvelle bousculant l'ordre établi, instille un climat délétère, propice aux bouleversements politiques. Les partis traditionnels ne semblent plus répondre aux attentes des citoyens, atterrés de voir leur monde s'écrouler. Les partis extrémistes qui se répandent en critiques stériles sans programme structuré, voient leur audience augmenter. Conscients des enjeux, la Commission européenne, la classe politique et la BCE répondent avec plus ou moins de bonheur aux défis de la crise et aux attentes des Européens. Leur réponse a trois objectifs principaux : briser le cycle infernal (*feedback loop*) entre les États membres et leurs banques, encourager la convergence des politiques économiques et renforcer le secteur bancaire en éliminant la boucle maudite (*doom loop*). Elle se fait sur trois niveaux : politique, monétaire et bancaire.

RÉPONSE POLITIQUE

Contrairement à une impression généralement admise selon laquelle « il ne se passe jamais rien à Bruxelles », la Commission européenne est très active dès le début de la crise. De nombreux textes sont élaborés, des décisions sont prises et des financements accordés. En voici un bref résumé :

– 11 avril 2010 : octroi d'un prêt de 30 milliards d'euros à la Grèce.

– 8 mai 2010 : Création du Fonds européen de stabilité financière (FESF).

– 7 septembre 2010 : Accord sur le Semestre européen

– 28 octobre 2010 : Création du Mécanisme européen de stabilité (MES)

– 28 novembre 2010 : Octroi d'un prêt de 85 milliards d'euros à l'Irlande

– 25 mars 2011 : Pacte pour l'euro.

– 21 juillet 2011 : Accord du Conseil européen sur plan de sauvetage de la Grèce

– 9 décembre 2011 : Accord sur le Pacte budgétaire européen (règle d'or)

– 13 décembre 2011 : Entrée en vigueur du PSC renforcé

– 2 mars 2012 : Traité sur la stabilité, la coordination et la gouvernance au sein de l'Union

– 2 octobre 2012 : Rapport Liikanen sur la réforme structurelle du secteur bancaire

– 15 avril 2014 : Accord sur l'union bancaire.

Pourquoi cette impression d'immobilisme prévaut-elle face à cette recrudescence d'activité ? Parce que la crise est toujours présente après six années éprouvantes pour les populations, en particulier celles de la périphérie. Parce qu'il est difficile aux chefs d'État et de gouvernement d'aborder frontalement les questions qui fâchent comme l'organisation politique de l'Europe. Parce que le différend franco-allemand sur la gestion de l'euro n'est pas résolu. Cette politique d'évitement se traduit en France par des postures excessives, voire ridicules, comme celle d'imputer nos insuffisances à Angela Merkel. Ce n'est que contraints et forcés que les dirigeants se résolvent à l'action. La création du Fonds européen de stabilité financière en est le parfait exemple. La réponse politique ne fut pas un long fleuve tranquille mais un torrent parsemé d'écueils et de cascades.

Pour en faciliter la présentation, nous la divisons en réponse financière et réponse institutionnelle. La première a trait à la création des fonds d'intervention, la seconde aux pactes et traités qui renforcent la coordination des politiques économiques.

Réponse financière

Créer une monnaie unique sans fonds d'intervention ni transferts inter-États revient à enfermer les États membres dans un carcan. Cette absence tient au refus de l'Allemagne d'être le banquier de l'Europe. La situation désespérée de la Grèce força Angela Merkel à reconsidérer sa position. Elle le fit à la marge en donnant son accord à la création d'un fonds d'une durée limitée et au capital insuffisant, le Fonds européen de stabilité financière (FESF). L'aggravation de la crise espagnole qui fit craindre une implosion de l'euro, l'obligea à revoir sa position de nouveau. Ce sera le Mécanisme européen de stabilité (MES). D'une durée illimitée et d'une capacité d'intervention de 700 milliards d'euros, il est destiné à se substituer au FESF et MESF.[1] C'est un clone du FMI, avec des attributions plus étendues pour tenir compte de la spécificité européenne. Ainsi, peut-il non seulement faire des prêts de soutien à un État membre en difficulté mais aussi des prêts de précaution à des économies saines mais fragiles. Il a autorité pour intervenir sur le marché primaire dans le cadre d'un programme d'ajustement, et sur le marché secondaire si une insuffisance de liquidité menaçait la stabilité financière de la zone euro.[2] Il participe à la recapitalisation des banques, dans

1. MESF : Mécanisme européen de stabilité financière.

2. Rappel : le marché primaire est celui sur lequel sont émises actions et obligations publiques ou privées. Il se distingue du marché secondaire où se négocient ces actifs financiers après leur émission sur le marché primaire.

des conditions prédéfinies, si les circonstances le justifient.[1] Ses interventions sont soumises à une analyse préalable et conjointe de la Commission, de la BCE et du FMI. Après des difficultés d'ordre juridique dues à la complexité de l'architecture de l'Union européenne, le MES est approuvé le 23 mars 2011 par le Parlement européen. Depuis sa création, il est intervenu dans huit pays dont la Grèce, l'Irlande et l'Espagne, pour un montant de 490 milliards d'euros. Par ses attributions étendues, le MES est habilité à intervenir en tant que *prêteur en dernier ressort*, prérogative normalement réservée à une banque centrale. Par cet artifice, l'interdiction faite à la BCE de prêter aux États est contournée, et les statuts de la BCE – pierre d'angle de la politique allemande – sont préservés. Statutairement, le président du MES est le président de la BCE. Le MES est un appendice de la Banque centrale européenne et un tribut à l'art du compromis bruxellois. En s'intercalant entre les marchés financiers et les États membres, il brise le cycle infernal (*feedback loop*).

Réponse institutionnelle

Au plan institutionnel, la crise de l'euro donne lieu à un florilège de textes officiels (semestre européen, pacte pour l'euro, pacte de stabilité et de croissance renforcé, pacte budgétaire européen, etc.) propre à donner le tournis au citoyen moyen, d'autant que leur appellation anglaise est souvent utilisée par les journalistes et les technocrates bruxellois de préférence à la française. Jacques Delors dénonce cette complexité et se demande « qui comprend, voire maîtrise le système » aujourd'hui ?[2] Cette complexité

1. La France souhaite transformer le MES en banque. Merkel s'y oppose.

2. « Faire de l'UEM une coopération renforcée », Institut Jacques Delors, 17 octobre 2012. Cette opacité tient pour partie à la rédaction des textes officiels qui sont le

s'explique par la nature même de l'Union et procède d'une logique qui vise à la transformer en une sorte de fédération à terme. Le rapport des quatre présidents intitulé : « Vers une véritable union économique et monétaire » du 5 décembre 2012 ne laisse aucun doute à ce sujet. [1] Le coup d'envoi de cette activité fébrile est donné par la lettre d'Angela Merkel et de Nicolas Sarkozy aux présidents du Conseil européen et de la Commission le 6 mai 2010. Il leur est demandé de renforcer la gouvernance économique et de créer un régime de résolution des crises. « Cela implique que nous renforcions la coordination de nos politiques économiques », reconnaissent les signataires en conclusion. La transformation de l'Union s'articule sur quatre axes : a) le renforcement des sanctions, b) l'élargissement de la surveillance à toutes les politiques économiques, c) une meilleure coordination des politiques budgétaires, et d) un mécanisme européen de résolution des crises. Elle s'accompagne d'une modification des traités en vigueur.[2]

Le premier texte officiel traduisant cette volonté franco-allemande de consolider l'Union est le Semestre européen, présenté au Conseil le 7 septembre 2010, et mis en application en janvier 2011. Il renforce le pacte de

---

fruit de compromis et non l'exposé rationnel d'un problème auquel il faut apporter réponse. Chaque État membre ayant ses propres contraintes tente d'infléchir le texte dans un sens qui lui est favorable. S'il n'y réussit pas, il essaie de nouveau lors de la rédaction du texte suivant. La logique du texte en souffre ce qui rend parfois sa lecture difficile.

1. Président du Conseil européen, de la Commission, de l'Eurogroupe et de la BCE. Ce rapport fait suite à celui de Herman Van Rompuy, en date du 26 juin ; intitulé : « Vers une véritable union économique et monétaire » dans lequel il propose « une vision pour une Union économique et monétaire stable » basée sur quatre piliers : a) un cadre financier intégré, b) un cadre budgétaire intégré, c) un cadre économique intégré et d'une plus grande légitimité démocratique.

2. Renforcement de la gouvernance économique dans l'Union européenne, 21 octobre 2010.

stabilité et de croissance par une meilleure coordination des politiques économiques. L'expérience a montré que le respect des critères du pacte n'incitait pas à la convergence des politiques ni ne prévenait les crises. Il est donc demandé aux États membres de soumettre en mars de chaque année leurs Programmes de convergence et de réformes pour s'assurer de leur conformité avec les prévisions de la Commission, avant même de les avoir présentés à leurs parlements. Les textes officiels rappellent que cette initiative s'inscrit dans le cadre d'Europe 2020, une stratégie destinée à promouvoir l'emploi et une croissance durable. Le semestre est à peine opérationnel qu'un nouveau pacte, le pacte pour l'euro, parrainé par Angela Merkel et Nicolas Sarkozy, est présenté au Conseil de l'Union européenne le 4 février 2011 à Bruxelles.[1] Il s'agit en fait d'une initiative de la chancelière à laquelle le président se rallie pour rassurer les marchés sur la détermination de la France à se réformer afin de maintenir sa notation et conserver des taux d'intérêts proches de ceux de l'Allemagne.[2] Accessoirement, cela permet de s'en servir comme paravent pour imposer des réformes aux Français.

Cet empressement d'Angela Merkel répond à la nervosité des marchés. Les taux des obligations d'État de la périphérie se sont tendus au cours de l'année 2010. Les taux grecs ont doublé passant de 6 % en janvier à 12 % en décembre. Dans le même temps, l'euro perd 8 % de sa valeur par rapport au dollar. Il y a urgence. Le nouveau pacte a un double objectif: accroître la convergence des politiques économiques et la compétitivité des entreprises. Il repose sur quatre piliers : compétitivité, emploi, finances publiques

1. Son appellation initiale (pacte de compétitivité) heurtant les oreilles de certains fut abandonnée.

2. Angela Merkel avait présenté les grandes lignes de cette initiative dans son discours de Davos en janvier.

et fiscalité. Dans sa version initiale, le projet inclut la fin de l'indexation des salaires, la mise en place d'un taux minimum de l'impôt sur les sociétés, et un allongement de la durée des cotisations des régimes de retraite. Inacceptable en l'état, il est remanié. Les objectifs chiffrés sont remplacés par des indicateurs économiques inscrits dans un tableau de bord, aussi contraignants dans les faits mais moins agressifs dans leur énoncé (annexe I). Ainsi, par exemple, n'est-il plus question de désindexation mais d'évolution des gains de productivité et de salaire. Le but recherché est le même mais la rédaction est plus « soft ». Il est aussi prêté attention à l'évolution des rémunérations du secteur public qui ne doit pas porter préjudice à la compétitivité du secteur privé. Les secteurs protégés (services, professions libérales, etc.) doivent être ouverts à la concurrence.[1] Les charges salariales doivent être abaissées pour favoriser l'emploi, celui des jeunes en particulier. Le droit du travail doit promouvoir la flexisécurité. Des indicateurs permettent de suivre l'évolution du coût des retraites et de la sécurité sociale afin de renforcer la pérennité des finances publiques. La balance des opérations courantes doit être maintenue dans une fourchette de +6 % à -4% du PIB[2].

Le pacte pour l'euro appelle deux commentaires. *Primo*, en le présentant comme elle le fait, la chancelière entend affirmer la primauté des États sur la Commission.[3] *Secundo*,

1. La loi pour la croissance et l'activité, dite loi Macron, est en partie motivée par cette disposition du pacte.

2. La fourchette devrait se situer entre +4 % et -4 %. Il n'y a aucune raison d'accorder une plus grande latitude aux nations excédentaires qu'aux nations déficitaires. Le rétablissement des comptes extérieurs s'impose aux nations excédentaires et déficitaires dans les mêmes proportions. C'est l'idée défendue par John Maynard Keynes lors des négociations de Bretton Woods que nous avons évoquées précédemment.

3. Suite à l'exposé de la chancelière le 4 février, la Commission fut prompte à rappeler que le nouveau pacte reprenait plusieurs de ses recommandations.

en en modifiant la forme au cours de son élaboration sans en changer le fond, elle témoigne de la constance allemande et de sa volonté d'imposer sa vision de l'euro.

Concomitamment, le pacte de stabilité et de croissance est remis sur le métier et prend le nom de pacte de stabilité et de croissance renforcé, ou *Six-Pact*, en décembre 2011. Il est désormais demandé aux États de soumettre à la Commission un objectif à moyen terme prévoyant un retour à l'équilibre de leurs finances publiques. Toute nouvelle dépense doit être financée par des recettes de même montant. Les pays dont la dette excède 60 % du PIB font l'objet d'une procédure de *déficit excessif* s'ils ne réduisent pas d'un vingtième par an l'écart entre leur endettement et les 60 % imposés par le pacte. Si leur situation s'aggrave, ils font alors l'objet d'une procédure de *déséquilibre excessif*. Les pays en procédure de déficit excessif qui ne se conforment pas aux recommandations du Conseil, sont sanctionnés sauf si une majorité qualifiée inversée s'y oppose.[1] Le pacte comprend un chapitre « prévention » qui reprend les indicateurs du tableau de bord du pacte pour l'euro, mentionné ci-dessus. Il accorde plus d'autonomie au Conseil dans la résolution des crises et introduit plus d'automaticité dans l'application des sanctions, répondant ainsi à un souhait de l'Allemagne.[2] Notons enfin que contrairement à ses prédécesseurs, il fut l'objet de négociations entre la Commission et le Parlement.

La fébrilité législative de l'Union ne convainc pas les marchés. Le taux d'intérêt des obligations grecques sur le marché secondaire ne cesse de monter. Il atteint 30,9 %

1. Une recommandation de la Commission est réputée adoptée sauf si le Conseil, statuant à la majorité qualifiée, décide de la rejeter dans un délai donné qui court dès son adoption par la Commission.

2. Jean-Claude Trichet le trouve insuffisant.

en décembre 2011.[1] L'heure n'est pas à la pause. Les dirigeants européens se remettent à la tâche. Ils approuvent le traité sur la stabilité, la coordination et la gouvernance (TSCG) ou pacte budgétaire européen, le 9 décembre.[2] Il comprend trois parties principales : politique budgétaire, gouvernance et fonds de stabilisation. Ces dispositions sont contraignantes. Les budgets doivent être en excédent ou en équilibre. Un déficit structurel, c'est-à-dire corrigé des variations cycliques, ne peut excéder 0,5 % du PIB, sauf circonstances exceptionnelles. Les États sont tenus d'adopter une règle d'équilibre de leurs comptes publics, connue sous le nom de règle d'or, dans leur corpus juridique, de préférence au niveau constitutionnel. Ils acceptent que la Cour de justice vérifie sa transposition dans le droit national. La procédure du déficit excessif et la surveillance économique et budgétaire sont renforcées. Les chefs d'État et de gouvernement se réuniront deux fois par an afin de faciliter la coordination de leurs politiques respectives. Le Mécanisme européen de stabilité sera géré par la BCE et sa mise en service est avancée à juillet 2012. Ses décisions seront prises à une majorité qualifiée de 85 %. Il ne sera plus imposé de pertes aux investisseurs, comme ce fut le cas pour la Grèce. Mais, des clauses d'action collective autorisant le débiteur à renégocier les conditions d'émission des obligations seront insérées dans les emprunts d'État.[3] Le traité entre en vigueur le 1er janvier 2013 après avoir été ratifié par douze nations.

Il répond aux exigences allemandes qui souhaitent imposer une discipline budgétaire aux États membres tout

1. Il atteindra son plus haut point en février 2012 (33,04 %).

2. Le traité est souvent cité sous son appellation anglaise : *Fiscal compact.*

3. Merkel souhaitait que les investisseurs privés supportent une partie des pertes. L'insertion de clauses d'action collective répond à son souhait de façon indirecte.

en minimisant leur participation au renflouement des pays de la périphérie. Cette impression de victoire allemande se confirme à la lecture du discours de la chancelière qui, visiblement satisfaite, déclare devant le Bundestag que « les contours d'une véritable union politique commencent à se dessiner ».[1] Par ailleurs, elle se félicite de la coopération franco-allemande dans la résolution de la crise.[2] Dans cette affaire, les Français remportent un succès d'estime. La réunion bi-annuelle des chefs d'État et de gouvernement est une proposition de Nicolas Sarkozy qui a aussi milité pour la règle d'or afin de mettre un « frein à la dette » française. Mais ce traité, en imposant une règle d'or sans mécanisme de transferts inter-États ni d'émission d'euro-obligations, perpétue plus qu'il ne corrige l'instabilité de la zone euro.

Récapitulons: semestre européen, pacte pour l'euro, pacte de stabilité renforcé, pacte budgétaire européen. Que dire de ces accords? Ils visent à coordonner les politiques économiques et à améliorer la compétitivité des États membres tout en renforçant la discipline fiscale – objectif prioritaire du sauvetage de l'euro pour les Allemands. Ils ont apporté beaucoup d'éléments positifs, mais ont aussi accru la complexité de l'ensemble. Le FMI note que le cadre ainsi défini multiplie les règles compliquées qui entravent un contrôle effectif et rendent sa compréhension par le public difficile. Les tableaux 7 et 8 rendent compte de cette difficulté à comprendre les récents pactes et traités.[3] Mais pourquoi cette complexité? Pour deux raisons: la première tient aux politiques des États membres, la seconde à l'économie

1. *Les Échos*, 15 décembre 2011.

2. *Lemonde.fr*, 9 décembre 2011.

3. « *Don't rule it out: Simplifying Fiscal Governance in Europe* ». iMFdirect, 29 mai 2015.

mondiale. Une politique budgétaire est la résultante de divers facteurs qui s'inscrivent dans un modèle économique. Pour l'asseoir sur des bases saines, il faut l'apprécier, non pas en isolation comme le faisait l'Europe jusqu'alors, mais en la replaçant dans son environnement naturel : la politique économique de la nation ce qui oblige à prendre en compte d'autres facteurs, comme la politique salariale ou la balance commerciale. Mais, les choses ne s'arrêtent pas là. L'interconnexion des économies européennes oblige à s'inquiéter des effets induits[1] des politiques nationales. Une politique rationnelle au niveau d'un État peut s'avérer désastreuse pour un autre. La convergence des politiques nationales est donc nécessaire pour éviter des effets négatifs au niveau de la zone euro. Ainsi, un objectif simple en apparence, la discipline fiscale, se métamorphose-t-il en un ensemble législatif et réglementaire complexe. S'invite alors à la table européenne la mondialisation, c'est la seconde raison de la complexité des textes européens. Il ne s'agit plus seulement de coordonner les politiques mais d'affronter avec succès la guerre économique que se livrent nations avancées et émergentes. Comment y parvenir ? C'est l'objet d'Europe 2020 qui se situe dans le droit fil de la stratégie de Lisbonne, imaginée par Jacques Delors, pour préparer l'Europe aux enjeux de la mondialisation. Elle vise à instaurer une « croissance intelligente, durable et inclusive » en se focalisant sur cinq objectifs : emploi, R&D, climat et énergie, éducation et pauvreté. Quelles que soient les intentions de leurs rédacteurs, ni la stratégie de Lisbonne ni Europe 2020 n'ont donné de résultats concrets. En pratique, le modèle économique allemand s'impose aux États-membres et à l'ensemble de l'Europe car c'est celui

1. En anglais, *spillover effects*.

qui a donné les meilleurs résultats en matière de stabilité et d'emploi. On assiste à une germanisation de l'Europe. Angela Merkel fait le choix d'une Europe allemande,

	Pacte de stabilité et de croissance	Pacte de stabilité et de croissance renforcé	Pacte budgétaire (TSCG)
Déficit public	Inférieur à 3% du PIB		
Déficit structurel	Proche de l'équilibre	Inférieur à 1% du PIB	Inférieur à 0,5% du PIB
Dette publique	Inférieure à 60% du PIB	Réduction de 1/20e par an	→
Dépenses publiques		Taux croissance annuel inférieur à un taux de référence à moyen terme	→
Dispositions	– Objectifs à moyen terme – Programme de stabilité – Programme de réformes – Procédure de déficit excessif	→	
Sanctions		– Dépôt de 0,2% du PIB – Amende de 0,1% du PIB – Décision à la majorité qualifiée inversée	→

Source : *Euro Area Policies* : 2012 article IV Consultation. IMF July 2012

Tableau 7. Evolution de la réglementation en matière budgétaire. Du Pacte de stabilité et de croissance au Traité de stabilité, de coordination et de gouvernance (TSCG)

comme ses prédécesseurs l'avaient fait avant elle. Mais, ce modèle n'est pas généralisable à l'Europe.

Quelle qu'en soit l'issue, les accords auxquels sont parvenus les Européens ont atteint leur but premier : calmer les marchés financiers. L'intégralité de la zone euro – objectif prioritaire allemand – est sauvée. Le taux grec chute et l'écart entre les taux allemand et espagnol se réduit. Les chefs d'État et de gouvernement s'en félicitent le 9 décembre 2011. Mais ces résultats sont-ils de leur fait ? Ne sont-ils pas plutôt dus à la décision de la BCE du 8 décembre d'abaisser le taux directeur à 1 % et d'accorder aux banques des prêts d'une durée de trois ans ?[1] Son nouveau gouverneur, Mario Draghi, n'a-t-il pas la confiance des marchés ?

RÉPONSE MONÉTAIRE

La réponse monétaire constitue le second volet de la crise de l'euro. Elle est formulée par des experts qui ont à leur disposition un outil puissant : la politique monétaire. Elle sera décisive.

Si l'on fait abstraction de l'ennuyeux Duisenberg, la BCE a connu deux présidents depuis sa création : Jean-Claude Trichet et Mario Draghi. Européens convaincus l'un et l'autre, leur approche n'en diffère pas moins. Le premier, ingénieur de formation, partage l'approche dogmatique allemande en matière monétaire. Le second, économiste formé au MIT, est un pragmatique. Fort de son expérience, il trace son chemin selon sa propre analyse. Sous leur direction, la BCE connaît deux ères différentes. La première s'inscrit dans une vision étroite de la politique monétaire ainsi que la conçoit la Bundesbank, la seconde évolue dans un cadre plus large qui lui permet de sauver

1. Financement connu sous l'appellation anglaise : *Long Term Financing Operations* (LTRO). Voir prochain paragraphe.

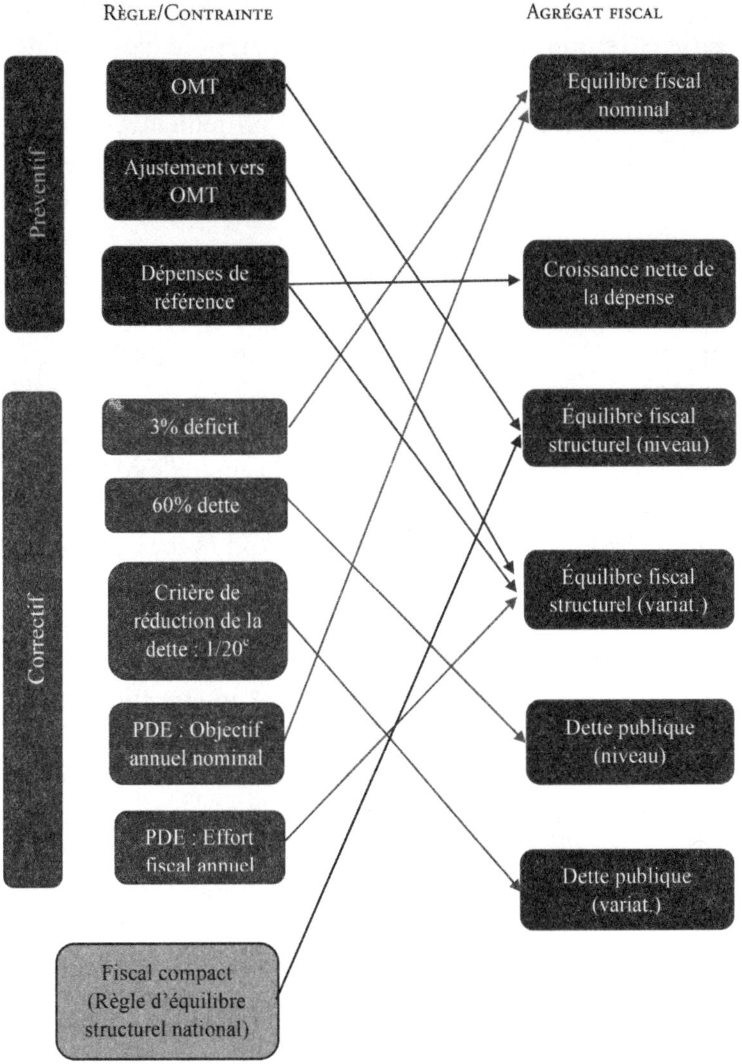

Source : *Reforming Fiscal Governance in the European Union* – IMF mai 2015
Note : OMT = Objectif à moyen terme, PDE = Procédure de déficit excessif.

Tableau 8. Cadre fiscal de l'Union européenne

l'euro. La première intervention de la BCE précède la crise et est motivée par le bilan très détérioré des banques suite à la crise des subprimes. Craignant une sévère récession, elle offre le 24 juin 2009 un refinancement de 442 milliards d'euros à 1 100 banques au taux de 1 % l'an afin de prévenir une crise financière qui semble se dessiner à l'horizon.

La crise grecque suivie de la crise irlandaise l'oblige à intervenir de nouveau. Le 10 mai 2010, elle lance le *Securities Market Program* (SMP), un programme qui autorise les banques centrales nationales à acheter de la dette publique et privée sur le marché secondaire.[1] Cette intervention est conforme à l'esprit du traité de Maastricht qui n'interdit pas l'intervention de la banque sur ce marché.[2] Mais, elle est critiquée par certains. Axel Weber, président de la Bundesbank et membre du conseil des gouverneurs de la BCE, y voit une menace à la stabilité des prix, et d'autres une aide indirecte aux banques françaises très engagées sur la Grèce. À la surprise générale, cette intervention et les initiatives prises par Bruxelles (Semestre européen, FESF, et octroi d'un prêt de 85 milliards d'euros à l'Irlande) n'ont aucun effet sur les marchés financiers. L'écart de taux entre les obligations allemandes et les obligations grecques, italiennes et espagnoles croît. C'est alors que Jean-Claude Trichet prend une décision surprenante : il relève le taux directeur de la BCE à deux reprises, le 13 avril 2011 et le 13 juillet 2011, bien que la croissance de la zone euro soit négative au premier trimestre.[3] Elle s'explique par la montée de l'inflation dans la

1. Ce programme a été utilisé par les banques pour se décharger d'une partie de leurs actifs grecs.

2. Rappelons que la BCE ne peut intervenir sur le marché primaire.

3. Le taux directeur passe de 1 % à 1,25 % le 13 avril 2011, et de 1,25 % à 1,5 % le 13 juillet 2011. Le taux de croissance au premier trimestre 2011 est –2,8%.

zone euro qui atteint 2,8 % en avril. Une analyse plus fine montre que cette progression est moins grave qu'il n'y paraît. L'inflation européenne est le reflet de l'inflation allemande, et hors énergie et aliments, les prix sont stables (1,6 %). Il n'y avait donc pas lieu de relever le taux directeur d'autant que la crise de l'euro est loin d'être finie.

Les marchés demeurent sceptiques et l'économie de la zone euro ne décolle pas. L'écart de taux entre les obligations grecques et allemandes continue de s'accentuer. L'euro baisse. Des économistes de renom débattent ouvertement de la survie de l'euro.[1] Face à une situation qui ne cesse de se détériorer, la BCE, sous la direction de son nouveau président, Mario Draghi, décide de frapper fort le 8 décembre 2011.[2] Elle ramène le taux directeur à son niveau de mars (1 %) et offre aux banques un programme de financement à long terme ou *Long Term Refinancing Operations* (LTRO). Les conditions de taux, de durée et de garanties étant avantageuses, 523 banques y souscrivent à hauteur de 489 milliards d'euros. L'opération est répétée en février 2012, 800 banques y souscrivent à nouveau pour un montant de 530 milliards d'euros. Au total, plus de 1 300 banques empruntent 1 019 milliards d'euros auprès de la BCE en moins de trois mois.[3]

Ce financement fait l'objet de nombreuses critiques. Ses détracteurs le décrivent comme une opération de *prêteur en dernier ressort* destiné à soutenir les États membres en difficulté par banques interposées. Nicolas Sarkozy s'en étant fait l'avocat, les cambistes la qualifient de « *Sarko*

1. Martin Feldstein, Barry Eichengreen, Steve H. Hanke Hans-Werner Sinn, Pedro Solbes, *The Future of the Euro : a Symposium*, *The Wall Street Journal*, March 8, 2011.

2. Huit jours plutôt la Réserve fédérale était elle-même intervenue en faveur des banques européennes.

3. Il est permis de penser que les banques ont profité de ces financements pour réduire leurs encours sur la Grèce.

trade ». Cette opération est un succès de courte durée. Après une chute importante, le taux des obligations de l'Europe du Sud remonte à l'été 2012, sans toutefois atteindre leur niveau le plus élevé à l'exception de l'Espagne. L'avenir paraît sombre. Le CAC 40 est atone alors que les bourses de Londres et New York sont en hausse. Les prévisions de croissance sont pessimistes, et la situation en Espagne se détériore. La baisse du taux directeur de la BCE le 11 juillet 2011 à 0,75 % n'a aucun effet sur les marchés. C'est alors que Mario Draghi fait une déclaration qui restera dans les annales de la finance. « L'euro est irréversible », dit-il dans sa conférence de presse du 26 juillet. « La BCE fera tout ce qu'il faut pour le préserver, et croyez-moi, ce sera suffisant ». En clair, il oppose la force de frappe de la banque centrale aux marchés financiers. Ceux-ci savent qu'ils ne peuvent lutter. Ils n'en demeurent pas moins sceptiques dans l'attente de décisions concrètes qui tardent à venir. Angela Merkel apporte son soutien à Mario Draghi au cours d'une conférence à Ottawa. « Les chefs d'État et de gouvernement européens ressentent un devoir, dit-elle, et ont un devoir de faire tout ce qui est possible pour préserver la monnaie commune ».[1] Imperturbable, la Bundesbank exprime son désaccord. Toute politique de rachat d'obligations s'accompagne de « risques considérables pour la stabilité », écrit-elle dans son rapport mensuel.[2]

Le 6 septembre, Mario Draghi annonce la création d'un nouveau programme de financement à l'intention des États membres. Appelé *Outright Monetary Transactions* (OMT), il remplace le SMP et offre des facilités de crédit de un à trois ans aux nations en difficulté à condition qu'elles bénéficient d'un programme du FESF ou du

1. *International New York Times*, 18 août 2012.

2. *Les Échos*, 21 août 2012.

MES en accord avec le FMI. En compensation de l'assistance financière apportée aux États membres en difficulté, le programme exige des réformes structurelles. Cette disposition s'explique par le revirement de Silvio Berlusconi à l'automne 2011 qui, à l'annonce de rachats d'obligations italiennes sous le précédent programme (SMP), annula les réformes structurelles en cours au motif qu'elles étaient impopulaires. Cette frasque lui valut une lettre de réprimande de Jean-Claude Trichet que Mario Draghi, alors gouverneur de la Banque d'Italie, cosigna. Mario Draghi n'a pas oublié l'incident. Aucune limite de montant n'est établie pour ce nouveau programme – façon de notifier aux marchés financiers la détermination de la BCE de sauver l'euro. Autre innovation : les prêts de la BCE seront *pari passu*, c'est-à-dire qu'ils seront traités à égalité avec ceux des banques, contrairement à ce qui s'est passé dans le cas de la Grèce où ils bénéficiaient d'une séniorité, c'est-à-dire d'un rang plus élevé en cas de faillite.

Ce programme qui a le soutien d'Angela Merkel, est l'objet de critiques acerbes en Allemagne. En agissant ainsi, Mario Draghi contrevient à l'interdiction qui lui ait faite d'accorder « des découverts ou tout autre type de crédit aux… administrations centrales, aux autorités régionales ou locales… des États membres ».[1] Il la contourne astucieusement en rappelant à ses critiques qu'outre sa mission de veiller à la stabilité des prix, la BCE doit aussi assurer la stabilité du système bancaire.[2] S'il n'intervient pas, plusieurs États membres de la périphérie seront en grande difficulté mettant du même coup en danger les banques, leur principal bailleur de fonds. Il lui faut donc aider ces États pour préserver la stabilité du système bancaire. La

1. Article 21 des statuts de la BCE.

2. Article 3 des statuts de la BCE.

BCE est dans sa mission. En février 2014, la Cour suprême de Karlsruhe émet un jugement digne du roi Salomon. Elle juge les OMT incompatibles avec la constitution allemande, mais subordonne sa décision à l'interprétation de la Cour de justice de l'Union européenne. Ces difficultés juridiques n'interfèrent pas avec le programme qui se révèle un succès. À compter de son lancement, le taux des obligations de la périphérie ne cesse de baisser pour se rapprocher, sans toutefois l'atteindre, de leur niveau d'octobre 2009. La politique de la BCE d'abaisser son taux directeur au niveau de celui de la Reserve fédérale (0,15 %) par touches successives et le vote du Parlement du 15 avril 2014 approuvant l'Union bancaire confortent ce succès. Le 5 juin, la BCE lance le *Targeted Long Term Refinancing Operations* (TLTRO), un programme de financement destiné à encourager les banques à financer le secteur privé afin de relancer l'économie, et le 10 septembre elle abaisse à nouveau son taux directeur pour le porter à son niveau le plus bas (0,05 %).

Récapitulons de nouveau: quatre programmes pour sauver les banques,[1] deux pour sauver les États,[2] et huit changements de taux directeur.[3] Voilà ce qu'il a fallu pour calmer les marchés. Cet arsenal témoigne de la sévérité de la crise, des querelles intestines de la zone euro et du poids de la BCE. Elle seule a la capacité d'agir dans l'instant présent, et donc de convaincre les marchés financiers de sa détermination à sauver l'euro. Au cours de cette crise, la banque a aussi subi une profonde mutation. Sous la pression des événements, elle s'est distinguée du modèle allemand grâce à l'habileté et à la détermination de Mario Draghi. En

1. LTRO de juin 2009, décembre 2011 et février 2012, TLTRO de juin 2014.
2. SMP de mai 2010 et OMT de septembre 2012.
3. Six à la baisse et deux à la hausse.

agissant avec audace, finesse et détermination, il a pris de court les tenants de l'orthodoxie monétaire et les marchés. En bref, il a sauvé l'euro, provisoirement. La chose n'était pas aisée. Des mauvais esprits y virent une « latinisation » de la banque centrale par allusion à la nationalité de son président. Cette caractérisation fait plus de tort à ses auteurs qu'à leur cible.

À l'origine, la politique monétaire de la BCE est définie en fonction de l'Allemagne. Ainsi, au début des années 2000, est-elle accommodante pour soutenir son économie alors qu'une politique de taux élevés eut mieux convenu à l'économie espagnole en plein boom immobilier. De même, la décision de relever le taux directeur au printemps et à l'été 2011 alors que l'économie de la zone euro est vacillante s'explique par cette volonté de répondre aux besoins de l'économie allemande. Mario Draghi s'affranchit de cette tutelle dès le premier jour. Pour autant, il ne succombe pas aux sirènes françaises qui l'enjoignent d'adopter une politique monétaire encore plus accommodante. Il expose sa vision de l'Europe dans sa conférence de presse du 26 juillet 2012. Elle repose sur quatre piliers : union fiscale, union économique, union financière, et union politique, et implique un transfert de souveraineté au niveau supranational. C'est la déclaration d'un fédéraliste. Elle ne satisfait ni les Allemands qui y voient une menace à leur politique économique, ni les Français qui y voient une atteinte à leur souveraineté.

Première bénéficiaire de la zone euro, l'Allemagne a un triple objectif : préserver l'intégralité de la zone euro, interdire les transferts inter-États et maintenir la stabilité monétaire afin d'en maximiser les bénéfices tout en en minimisant le coût pour le contribuable allemand. La stabilité des prix est non négociable. Il s'ensuit que toute mesure de soutien aux banques ou aux États membres est vue avec suspicion en raison de son impact inflationniste, réel ou supposé, d'une part, et de l'aléa moral qu'elle contient en germe, d'autre part.[1] Les Allemands, très pointilleux sur le respect des statuts de la BCE, ont mal vécu l'habileté de Mario Draghi lors de la création des OMT à l'automne 2012. La raideur allemande conduit deux de ses plus éminents représentants à démissionner de leur poste à la BCE.[2] Au fil du temps, il apparaît que leur attitude orthodoxe est contre-productive. Les États-Unis poursuivent une politique vigoureuse d'assouplissement quantitatif[3] dont l'un des objectifs est la dépréciation du dollar. L'euro s'apprécie en dépit des difficultés économiques de la zone euro handicapant ses exportateurs. Longtemps isolé en raison de son dogmatisme, Jens Weidmann, président de la Bundesbank, se rallie en mars 2014 à l'idée d'un rachat d'actifs pour soutenir l'activité.[4] En juin, le FMI presse la BCE de suivre l'exemple de la Réserve fédérale. Cet appel reçoit un écho favorable en France. Le gouvernement y voit la confirmation de sa politique. De droite ou de gauche, les gouvernements n'ont cessé de prôner un assouplissement de la politique monétaire. L'objectif est la préservation du modèle français dans une économie mondialisée. Cet objectif est illusoire. On ne peut conserver un modèle conçu pendant les Trente Glorieuses en 2015 sans y apporter de profonds changements. La

1. L'aléa moral est cette tentation naturelle de sursoir aux réformes structurelles si un financement européen est accordé, comme le fit Silvio Berlusconi à l'automne 2011.

2. Axel Weber et Jürgen Stark, membres du conseil des gouverneurs de la BCE.

3. Une politique d'assouplissement quantitatif (en anglais, *quantitative easing*) est une politique monétaire non conventionnelle d'acquisition d'actifs financiers en vue d'abaisser les taux d'intérêt afin de relancer l'activité économique.

4. *Les Échos*, 26 mars 2014.

zone euro n'est pas un bouclier derrière lequel s'abriter en attendant des jours meilleurs.

Coincé entre une Allemagne orthodoxe et une France laxiste, Mario Draghi navigue à vue. Diriger la BCE est une mission quasi impossible. Il doit en effet concilier des objectifs contradictoires comme la stabilité des prix et la solidité du secteur bancaire tout en assurant la gestion du MES et la supervision de l'Union bancaire. À moins de se dédoubler, il lui sera difficile d'y parvenir. Cet empilement d'attributions qui rassure Bruxelles et les marchés financiers, tout en satisfaisant la BCE, fragilise l'euro plus qu'il ne le conforte.

RÉPONSE BANCAIRE

Elle prend la forme d'une réforme bancaire et d'une union bancaire. La crise des supbrimes qui a secoué le secteur bancaire avant qu'il ne le soit de nouveau avec la crise de l'euro, exige une réforme bancaire à l'image du Dodd-Frank Act aux États-Unis. L'intégration financière, effet de la mondialisation et de l'Union monétaire, appelle à une union bancaire. L'objectif de la réforme bancaire est de conforter au travers de lois et de règlements la stabilité financière que la BCE s'efforce de maintenir par sa politique monétaire. L'objectif de l'union bancaire est d'éviter de nouvelles crises financières. Les Européens s'attaquent rapidement à la réforme bancaire mais tardent à prendre conscience de l'importance d'une union bancaire. Ce n'est qu'au printemps 2012 qu'ils s'en inquiètent. Alors qu'ils s'évertuent à parvenir à un accord, la question de la séparation du secteur bancaire en banques de dépôts et en banques d'investissements resurgit aux États-Unis au travers de la règle de Volcker, du nom de l'ancien et très respecté gouverneur de la Réserve fédérale. Cette irruption complique le débat avant qu'un compromis n'intervienne.

La réforme bancaire

Le rôle joué par les banques américaines et européennes dans la crise des subprimes conduisit les États à adopter de nouvelles règles pour éviter sa répétition. Compte tenu de l'interconnexion des marchés financiers et de la mondialisation de l'économie, ces règles doivent être harmonisées de manière à assurer une concurrence loyale entre toutes les banques quelles que soient leur nationalité. Les rapports de Larosière, Turner, et Geithner, rédigés à la demande de la Commission européenne, du gouvernement britannique et du Congrès américain, servirent de base à l'élaboration de nouvelles règles. Leur examen révèle un accord sur les principes mais des différences de vues importantes sur les remèdes à apporter. Tous reconnaissent la nécessité d'une surveillance macroprudentielle[1] du secteur et d'une approche multinationale des risques. Tous sont aussi d'accord pour renforcer les fonds propres et la liquidité des banques, et tous demandent que les crédits structurés, les fonds spéculatifs, les paradis fiscaux, et les rémunérations soient réglementés. Cette belle unanimité disparaît dans l'énoncé des règles. Cela tient à plusieurs raisons. Le rôle de la finance varie d'une nation à l'autre. La City contribue à hauteur de 10 % au PIB britannique, et Wall Street à hauteur de 8 % au PIB américain.[2] Ces deux institutions sont des facteurs d'influence sur la scène mondiale par les services financiers qu'elles procurent. Il

1. Le terme « macroprudentiel » désigne une nouvelle approche du risque bancaire qui établit un lien entre la supervision microprudentielle, c'est-à-dire la supervision des banques, d'une part, et la politique économique du gouvernement en vue d'éviter le risque systémique, c'est-à-dire le risque qui, prenant naissance dans une banque, se propage quasi instantanément à l'ensemble du secteur bancaire, comme ce fut le cas avec la faillite de Lehman Brothers aux États-Unis le 15 septembre 2008.

2. Soit 170 milliards de livres sterling et 1 393 milliards de dollars, respectivement.

n'est donc pas question d'en réduire l'importance. Le secteur bancaire n'a pas la même structure aux États-Unis et en Europe continentale, particulièrement en Allemagne où les *Landesbanken*, banques régionales, jouent un rôle crucial auprès des entreprises de taille intermédiaire. Chaque pays veille donc à ses intérêts et rechigne à se soumettre à un contrôle international, même si tous en reconnaissent la nécessité. Un accord *a minima* est trouvé au G-20 de Séoul en novembre 2010. Il est décidé que les banques devront renforcer leurs fonds propres et accroître leur liquidité d'ici 2019. Dénommé Bâle III, cet accord fait suite à un précédent accord, Bâle II qui n'avait guère eu d'effet.

Les États-Unis sont les premiers à adopter une législation bancaire. Le Dodd-Frank Act entre en vigueur le 21 juillet 2012. L'Union européenne procède par étapes successives. Le 27 mai 2009, la Commission publie une communication sur la « Supervision financière européenne » qui reprend l'essentiel des dispositions du rapport Larosière. Le 2 septembre 2010, le Parlement et la Commission s'accordent sur une architecture de contrôle : le Système européen de supervision financière (SESF). Il comprend trois autorités de surveillance microprudentielle.[1] Il est assisté du Comité européen du risque systémique (CERS), dédié à la surveillance macroprudentielle et présidé par le gouverneur de la BCE. En février 2012, la Commission crée un groupe d'experts dirigé par Erkki Liikanen, gouverneur de la Banque de Finlande avec pour mission de déterminer « si, en sus des réformes de la réglementation qui sont en cours, des réformes structurelles des banques de l'Union pourraient renforcer la stabilité financière et améliorer l'efficacité du système et la protection des consommateurs,

1. L'Autorité bancaire européenne, l'Autorité européenne des assurances et des pensions professionnelles et l'Autorité européenne des marchés financiers.

et, dans l'affirmative, d'élaborer, le cas échéant, des recommandations ». Le groupe présente son rapport final le 2 octobre 2012, et le 29 janvier 2014, la Commission européenne[1] propose l'adoption de cinq mesures :

1. Les banques doivent créer des entités juridiques distinctes pour enregistrer leurs opérations de négoce pour compte propre.

2. Les banques doivent établir des plans de résolution de leurs défaillances.

3. Les banques doivent constituer un volant de dettes destinées à leur renflouement.

4. Les normes minimales de fonds propres, initialement prévues, doivent être renforcées.

5. Les réformes entreprises en matière de gouvernance doivent être complétées par des mesures destinées à renforcer les organes de direction, la gestion des risques et le contrôle des rémunérations.

Face à l'opposition de la Grande-Bretagne, de la France et de l'Allemagne, le Commissaire européen aux services financiers, lord Hill, annonce le 3 décembre 2014 qu'il envisage de retirer la proposition de la Commission si un accord n'est pas trouvé en 2015. Cette annonce fait suite à la contre-offensive du lobby bancaire européen. Il fait écho aux coups portés à la réforme bancaire aux États-Unis par Wall Street.

L'Union bancaire

Peu après l'institution du comité Liikanen en février 2012, des voix se font entendre pour demander la

1. Proposition de règlement du Parlement européen et du Conseil relatif à des mesures structurelles améliorant la résilience des établissements de crédit de l'UE, 29 janvier 2014.

création d'une union bancaire.[1] Le FMI et la Banque pour les règlements internationaux (BRI) mêlent leur voix à ce chorus.[2] La situation économique demeure tendue. La zone euro est en récession. Le taux des obligations publiques de la périphérie remonte. L'euro s'affaiblit. Peu à peu, la nécessité d'une union bancaire s'impose dans les esprits dans l'espoir de redresser cette situation, et prend le pas sur la réforme bancaire. Dans ce climat délétère, le sommet des 28 et 29 juin 2012 constitue une avancée importante saluée par les marchés financiers. Angela Merkel lève son veto sur deux tabous : le FESF et le MES sont autorisés a) à acheter de la dette publique, comme le demandait l'Italie, et b) à recapitaliser les banques, comme le souhaitait l'Espagne. Cette dernière disposition brise le cycle infernal (*feedback loop*) entre banques et États. Elle est sujette à la mise en place d'un superviseur unique. Ce sera la BCE au titre de l'article 127.6 du traité de Lisbonne. Cet article exigeant une décision unanime des États-membres de l'Union, l'activation de cette disposition est sujette à caution. Quoi qu'il en soit, après ce coup d'envoi, la marche vers l'union bancaire ne s'arrêtera plus. Il faudra deux ans pour qu'elle devienne réalité. Mais le temps presse. En douze mois, de mai 2011 à juin 2012, la fuite des capitaux s'élève à 296 milliards en Espagne et à 235 milliards en Italie.[3] Pour contrer ces sorties, Mario Draghi crée les *Outright Monetary Transactions* (OMT), le 6 septembre.

L'Union bancaire naît de l'accroissement de l'intégration financière, évoquée précédemment. Elle définit un cadre européen pour la réglementation bancaire jusque-là régie par

1. Christine Lagarde le 17 avril, Mario Draghi le 25 avril, et Michel Barnier un peu plus tard.

2. Consultations au titre de l'article IV du FMI et apport annuel de la BRI.

3. *Lemonde.fr*, 10 octobre 2012.

des règles nationales. Elle s'articule autour de quatre pôles : un code de règles communes, une supervision européenne, une garantie des dépôts financée par les banques, et une autorité de résolution.[1] Ce cadre défini, se pose la question de savoir qui sera le superviseur. Ce sera la BCE avec le Mécanisme de surveillance unique (MSU) bien que cette nouvelle attribution la place en situation conflictuelle au regard de ses autres attributions.[2] La crédibilité qui est la sienne et le désir de Mario Draghi d'assurer ce rôle balaient cette inquiétude. Pour éviter de possibles conflits d'intérêts, un conseil de résolution, distinct du comité des gouverneurs, est créé. Autre question : quel doit être le périmètre de l'Union ? Quelles banques seront sous sa supervision ? Deux écoles s'affrontent. La Commission préconise l'intégration des 6000 banques européennes, soutenue en cela par la France. L'Allemagne s'oppose à l'inclusion de ses banques régionales. Le sommet européen du 12 décembre 2012 se prononce pour un nombre restreint, 130 banques seulement, mais dont le total du bilan représente 85 % des actifs bancaires de la zone euro. Néanmoins, il est entendu que la BCE peut décider de surveiller une banque, quelle que soit sa taille si nécessaire. En septembre 2013, les parlementaires donnent leur accord sur cette formule. L'autorité de résolution soulève aussi plusieurs questions. Doit-elle disposer de pouvoirs de surveillance ? Quel doit être le montant de son fonds

1. Ce paragraphe s'inspire de l'étude suivante : « *What kind of European Banking Union* », publiée par The Bruegel Institute en juin 2012.

2. La BCE a un objectif prioritaire, la stabilité monétaire, et un objectif secondaire, la stabilité du secteur bancaire. La poursuite du premier objectif exige une politique prudente de gestion de la masse monétaire alors que le second peut nécessiter un fort accroissement de cette masse pour prévenir une crise de liquidité dans les banques.

d'intervention ? Comment doit-il être approvisionné ?[1] Comment procéder à la dissolution d'une banque en faillite et comment répartir les pertes entre actionnaires, obligataires et déposants ? Dans sa communication du 27 juin 2013, la Commission propose que soit créée une nouvelle banque dans laquelle seront placés les actifs sains. Actionnaires, obligataires et déposants seront mis à contribution. En ce qui concerne ces derniers, seuls ceux dont les dépôts excédent 100 000 euros seront mis à contribution.

L'objectif de l'Union bancaire est d'éviter les crises financières. Pour ce faire, il lui faut assurer la stabilité du secteur bancaire, minimiser le coût des crises pour le contribuable et protéger les déposants. Mais, de par sa nature, elle participe à la fédéralisation de l'Europe. En effet, en cas de crise financière sévère, le fonds de garantie peut se révéler insuffisant au regard des pertes encourues par les banques. Les États-membres devront alors apporter au pot pour renflouer les banques et éviter que la crise ne s'aggrave. Cette contribution exceptionnelle s'inscrira dans leur budget. Dans le lexique anglo-saxon, ils font office de *fiscal backstop*, de butée fiscale. La Commission ne s'y est pas trompée puisque dans sa communication du 26 juin 2012, intitulée « Vers une véritable union économique et monétaire », elle définit trois cadres intégrés (financier, fiscal, économique) auxquels s'ajoute une légitimité démocratique renforcée. Le cadre financier comprend les quatre éléments d'une union bancaire : un code de règles communes, une supervision européenne, une garantie des dépôts financée, et une autorité de résolution. Le cadre fiscal est une évolution vers l'union fiscale. L'Allemagne s'est

1. Le montant se situera entre 60 et 70 milliards d'euros à l'horizon 2025 grâce à une contribution des banques (décision de la Commission, juillet 2013).

montrée réticente envers l'Union bancaire, craignant d'être le caissier des banques européennes et souhaitant préserver les *Landesbanken* – cheville ouvrière de son industrie.

L'Union bancaire est à la croisée des chemins : entre réponses politique et monétaire à la crise. Dans un marché unique doté d'une monnaie unique, elle participe à la stabilité financière en prévenant de nouvelles crises. C'est pourquoi le sommet des 28 et 29 juin 2012 revêt une importance particulière suite à la décision de l'Allemagne d'altérer sa position sur les deux points importants mentionnés ci-dessus. On retrouve le clivage franco-allemand tout au long des négociations. La France marque sa préférence pour une approche européenne que l'Allemagne récuse. En septembre 2012, Wolfgang Schäuble, ministre des Finances, remet en question le sommet des 28 et 29 juin en affirmant que la recapitalisation des banques par le FESF/MES ne concerne que leurs pertes futures, ce qui est une lecture inexacte de l'accord. En octobre, dans un message codé à l'adresse de l'Espagne, il rappelle qu'en préalable à toute recapitalisation la zone euro doit s'être dotée d'un système unique de supervision. Christian Noyer, gouverneur de la Banque de France, s'attaque à la réforme bancaire en contestant la séparation des activités bancaires préconisée par Michel Barnier, Commissaire européen au marché intérieur et aux services. Cet assaut surprend compte tenu du fait que cette réforme est en deçà de ce qu'elle devrait être.[1] Pourquoi contester la politique de Michel Barnier alors qu'il devrait être félicité pour sa modération et son opiniâtreté sans lesquelles l'Union bancaire n'aurait peut-être pas vu le jour ?

1. Cette prise de position de Christian Noyer est d'autant plus surprenante que le 22 janvier 2012 François Hollande avait déclaré que son « véritable adversaire » était la finance.

CONCLUSION

La crise de l'euro était inscrite dans ses gènes. Son mérite est d'avoir fait prendre conscience aux chefs d'État et de gouvernement de la fragilité de la monnaie unique et de la nécessité d'en corriger les défauts structurels les plus patents. Les trois priorités énoncées en début de chapitre pour y mettre fin et éviter sa répétition – briser le cycle infernal (« feedback loop »), encourager la convergence des politiques économiques et renforcer le secteur bancaire en éliminant la boucle maudite (« doom loop ») – ont été en partie satisfaites. L'esprit qui anime les dirigeants européens a évolué quelque peu : l'Allemagne a fait des concessions avec la création du FESF et du MES et Mario Draghi a pris des libertés avec la rigidité des statuts de la BCE. Nonobstant ce changement d'humeur, l'Allemagne reste attachée à son credo anti-inflationniste avec le Sommet européen, le pacte pour l'euro, le pacte de stabilité renforcé et le pacte budgétaire européen. Le *policy mix* européen reste inchangé : une politique monétaire stimulante accompagnée d'une politique fiscale restrictive. Si cette politique a donné des résultats aux États-Unis, encore que ceux-ci sont sujets à caution, il n'en va pas de même pour l'Europe. Le regain de croissance que connaît l'Union monétaire présentement ne doit pas faire illusion. Il est dû pour partie à la baisse du prix du baril, à un euro affaibli et à des taux d'intérêt anormalement bas. Il ne peut éliminer le chômage. Dans ce contexte, la fixation que fait l'Allemagne sur la réduction de la dette publique des États membres se comprend difficilement. Son accroissement précède les crises des subprimes et de l'euro, comme nous l'avons mentionné dans le premier chapitre. Cette politique est irréaliste et autodestructrice dans un environnement peu porteur où l'économie mondiale connaît une croissance médiocre.

Ceci étant, peut-on considérer que la crise de l'euro est terminée, comme l'a déclaré François Hollande en juin 2013 ou à l'inverse qu'elle n'est pas finie, comme l'a dit Angela Merkel un an plus tard ? La crise n'est pas finie, comme le montre la résurgence de la crise grecque, mais elle a perdu en intensité en raison des mesures prises depuis 2010. Le chemin parcouru suffira-t-il à éviter une nouvelle crise ? C'est peu probable. La survie de l'euro passe par une redéfinition de la zone euro et du modèle économique européen qui ne peut être la copie conforme du modèle allemand, comme expliqué dans le prochain chapitre.

Il faut aussi achever la réforme financière en séparant les banques d'investissements des banques de dépôts et en cantonnant les compagnies d'assurances dans leur domaine. Les banques européennes qui sont coresponsables de la crise, ont été fortement soutenues par la BCE et les autorités européennes au travers de nombreux programmes. Elles ont joué sur le même registre que les banques américaines après la crise des subprimes, à savoir le « *too big to fail* » (trop gros pour faire faillite), pour assurer leur survie, arguant que leur faillite plongerait l'économie européenne dans une profonde récession. C'est une notion erronée, dénoncée par des économistes et des personnalités comme Paul Volcker ou Andrew Haldane. Une nation, l'Islande, a rejeté ce plaidoyer. Elle a nationalisé temporairement les banques au lieu de les renflouer et condamné leurs dirigeants à la prison. Le Royaume-Uni qui a nationalisé la Royal Bank of Scotland, encaisse aujourd'hui le fruit de sa décision en réalisant un profit sur la revente des actions de la banque. Les Européens eussent été bien inspirés de suivre cet exemple.

APPENDICE : THE VOLCKER RULE

Alors que l'Union bancaire se construit par étapes successives, resurgit la question des banques trop grosses pour faire faillite dont l'appellation officielle est « Institutions financières de risques systémiques » (IFRS). Le *Gramm-Leach-Bliley Act* de 1999 qui abroge le *Glass-Steagall Act*, est l'une des causes de la crise des subprimes. Rappelons que le *Glass-Steagall Act* créait deux types de banques : les banques de dépôts et les banques d'investissement. Le *Dodd-Frank Act* ne rétablit pas cette distinction. Il demande que ces deux activités soient logées dans des entités juridiques séparées. La Commission Vickers, en Grande-Bretagne, s'est rangée à cette solution. Erkki Liikanen, gouverneur de la Banque centrale finlandaise, la reprend dans son rapport du 2 octobre 2012. Cette belle unanimité transatlantique doit beaucoup au lobby des banques. Sur le plan juridique, le maintien des deux activités sous une même ombrelle est un faux nez puisqu'elles demeurent sous une autorité unique : le président-directeur-général. Sur le plan économique, ce maintien ne se justifie pas davantage, comme l'ont démontré plusieurs économistes dont Anat Admati, professeur d'économie à l'université de Stanford.

La règle de Volcker impose aux banques de séparer les opérations bancaires qu'elles conduisent pour leur propre compte sur les marchés financiers de celles qu'elles effectuent pour le compte de leurs clients. Son objet est de limiter les opérations spéculatives des banques sur les produits dérivés (swaps d'intérêts, obligations adossées à des actifs, etc.). La règle de Volcker a été annulée par la loi rectificative de décembre 2014, libérant ainsi les banques de toute contrainte. Il est à craindre qu'une nouvelle crise financière ne voit le jour dans un avenir proche.[1]

1. C'est ce que Andrew Haldane, directeur exécutif de la Banque d'Angleterre, appelle la boucle maudite (« *doom loop* ») par lequel une crise bancaire en entraîne nécessairement une autre en raison de l'aléa moral qui incite les banques à prendre des risques inconsidérés.

V. L'euro en question

La zone euro se remet difficilement du double choc de la crise des subprimes et de la crise de l'euro. Après deux années de récession, la croissance est positive en 2014 (0,9 %) et se consolide en 2015 (1,6 %). L'inflation qui ne cesse de baisser (0,4 % en 2014), fait craindre un basculement dans la déflation (0,1 % en 2015).[1] La situation budgétaire s'améliore doucement. Dans ce lent retour à la normale, la France avance difficilement avec un déficit budgétaire qui tarde à se résorber et un endettement en augmentation. Sa croissance est moindre que celle de la zone euro et son chômage ne faiblit pas. Au vu de ces résultats, l'irritation d'un certain nombre de Français est compréhensible. Dans l'analyse qu'ils font de l'euro, une sortie est la solution à leurs problèmes quotidiens. Débarrassée de ce carcan, la France retrouverait le chemin de la croissance et du plein-emploi. D'autres vont plus loin. Une sortie permettrait d'adopter « une alternative stratégique en économie », c'est-à-dire la mise en place d'une économie dirigée.[2] Notons que cette alternative est en contradiction avec l'esprit de l'Union européenne d'inspiration libérale. L'article 3A du traité de Rome est très clair à ce sujet : « L'action des États membres comporte… l'instauration d'une politique économique… conduite conformément au respect du principe d'une

1. Statistiques de la Commission européenne (hiver 2015).

2. « S'il faut sortir de l'euro… », Jacques Sapir, 6 avril 2011.

économie de marché ouverte où la concurrence est libre ». Une économie dirigée ne répond pas à cette exigence. S'en prévaloir entraîne une seconde question : la France doit-elle aussi quitter l'Union européenne ? Les élections européennes de 2014 ont donné lieu à un vif débat sur l'opportunité ou non de sortir de l'euro. Le débat reste ouvert. Certains partis politiques l'ont inscrit dans leur programme. Pour savoir si la France doit quitter l'euro, posons-nous la question de savoir s'il a tenu ses promesses et ce qu'implique une sortie ? Puis analysons la question du déficit démocratique, étroitement lié au débat sur l'euro et l'Europe. Voyons enfin les solutions proposées pour pérenniser l'euro.

L'EURO A-T-IL ATTEINT SES OBJECTIFS ?

Pour Jacques Delors, l'euro est le moyen de consolider la construction européenne et de mettre fin à l'eurosclérose qui déprime les Européens depuis les crises pétrolières des années 70. L'euro doit être l'artisan d'une plus grande intégration, porteuse d'économies d'échelle et donc de gains de productivité générateur d'un niveau d'activité et d'emploi plus élevé. C'est à l'aune de ses objectifs que l'euro doit être jugé.

La performance de la zone euro est moins bonne que celle du Danemark, du Royaume-Uni et de la Suède, trois pays hors zone euro (annexe II, tableau 1). Les paramètres retenus sont la croissance, l'inflation, l'investissement, le chômage, le solde budgétaire, la dette et le solde des transactions courantes. Si on limite la zone euro aux pays du nord, c'est-à-dire à l'Allemagne, l'Autriche, la Belgique, la Finlande, l'Irlande, le Luxembourg, et les Pays-Bas, la performance des deux groupes est la même (annexe II, tableau 2). Cette comparaison montre que la performance de la zone euro est fonction de sa composition et de son modèle économique. La zone euro est une zone suboptimale régie par le modèle allemand. Les pays du Nord de la zone euro s'accommodent de ce modèle et font jeu égal avec les pays hors zone alors que la périphérie (Espagne, Italie et Portugal) éprouve de grandes difficultés à s'y habituer obérant la performance de la zone euro. Par la richesse et la diversité de son économie, la France appartient au nord, mais par ses choix politiques, elle se range au sud, sans se confondre avec lui. Elle est dans une classe à part. Sa performance est inférieure à celle des pays du nord de la zone mais supérieure à celle du sud (annexe II, tableau 3) Les Français mécontents de l'euro ne tiennent pas compte de cette analyse plus fine. Certains ignorent les faiblesses structurelles de la France et nient la nécessité de faire des réformes. Ils concluent un peu rapidement que la France doit sortir de l'euro. Au regard de leurs arguments, il est possible de s'interroger sur leurs motivations. Le procès qu'ils font à l'euro ignore la possibilité de l'améliorer, tout comme il ignore les rigidités de la France. La correction des faiblesses structurelles de l'euro et l'adoption de réformes en France – réformes recommandées par de nombreux rapports rendent en théorie la question d'une sortie de l'euro caduque. En pratique, les choses ne sont pas aussi simples… en raison de la lourdeur de l'appareil bruxellois, d'une part, et des corporatismes français qui bloquent toute évolution d'autre part. En bref, si une analyse sommaire donne raison aux détracteurs de l'euro, une étude plus poussée produit un diagnostic plus nuancé.

LA FRANCE PEUT-ELLE QUITTER L'EURO ?

L'article 50 du traité de Lisbonne reconnaît à un État membre le droit de se retirer de l'Union européenne. Il n'existe pas de disposition semblable à l'égard de l'Union monétaire. Cette absence est le reflet d'une volonté : la monnaie unique est irréversible. Le traité de Maastricht le confirme lorsqu'il déclare que l'euro est une étape dans la création d'une « union sans cesse plus étroite entre les peuples de l'Europe ».[1] La Convention de Vienne[2] reconnaît aux États souverains le droit de se retirer d'un traité dans le cas de circonstances exceptionnelles non prévues au traité ou de nature à altérer les obligations des parties à son égard. N'étant pas signataire de la Convention, la France ne peut s'en prévaloir. Elle peut néanmoins arguer que des circonstances exceptionnelles l'obligent à sortir de l'euro. À elle d'en apporter la preuve. Si elle quitte l'euro, peut-elle rester dans l'Union européenne ? Interprétant l'article 50 du traité de Lisbonne à la lettre, certains juristes considèrent qu'une sortie de l'euro entraîne de facto un départ de l'Union.[3] Cette conclusion est excessive. Dans le passé, l'Europe s'est montrée accommodante avec plusieurs de ses partenaires. Ainsi, la Grande-Bretagne est-elle membre à part entière de l'Union européenne sans avoir ratifié l'ERM II[4] qui oblige les États membres à maintenir la parité de leur devise dans une fourchette de +/– 15% par rapport à l'euro. La France peut se prévaloir d'exceptions de ce genre pour rester dans l'Union européenne[5] où, rappelons-le, elle réalise près de 60 % de son commerce extérieur.

En conclusion, la France peut quitter l'euro tout en restant dans l'Union européenne, si elle le souhaite. Elle peut

1. L'article 48 du traité sur l'Union européenne instaure une procédure de révision sans envisager le retrait d'un État membre, confirmant la permanence de l'euro.

2. La Convention a été signée le 23 mai 1969 à Vienne.

3. « *Withdrawal and Expulsion from the EU and EMU* ». Phoebus Athanassiou, Banque centrale européenne, 2009.

4. « *European Exchange Rate Mecanism* ».

5. Tous les auteurs ne sont pas d'accord avec cette interprétation. « *EMU Break-up* », ING, juillet 2010.

opter pour un retrait négocié ou unilatéral. À l'évidence, la première option est préférable à la seconde qui engendrait du ressentiment au sein de la Commission européenne et du Conseil européen ainsi qu'au Parlement.[1] A qui appartient la décision de quitter l'euro? Aux Français par la voie du référendum, au Parlement ou au Congrès? Le traité de Maastricht ayant été approuvé par référendum le 20 septembre 1992, il serait logique de choisir la même voie pour en sortir. Cette consultation prendra du temps, quelques semaines au minimum, peut-être plus. Une période d'incertitude, néfaste pour la France et ses partenaires européens, s'ouvrira alors. Pour l'éviter, certains préconisent d'utiliser l'article 16 de la Constitution française.[2] Cette solution peu démocratique serait un usage abusif de cet article.

Quelle serait l'incidence d'une sortie de l'euro sur la dette française? Cette question n'est pas anodine. Une sortie s'accompagnera d'une dévaluation du franc et d'une conversion de la dette en francs. La dette de la France s'éleve à 2 100 milliards d'euros, une dévaluation de 20 %, par exemple, signifierait une perte de 420 milliards pour les investisseurs dont deux tiers sont étrangers après conversion en francs. Ces derniers s'opposeront à cette redénomination de la dette et porteront l'affaire devant les tribunaux britanniques reconnus pour leur expertise en la matière. La France s'appuiera sur le *lex monetae* qui reconnaît à un État souverain le droit de choisir sa monnaie, pour justifier sa décision de libeller sa dette en franc. Quelle sera la décision des tribunaux? Impossible de le savoir. Cette question divise les juristes. Elle est d'importance. Une condamnation serait

1. Certains auteurs considèrent qu'un retrait unilatéral est inenvisageable: « Not so unthinkable – the Break-up of European monetary Union », Gilles Thieffry. *International Financial Law Review*, juillet 2005.

2. « S'il faut sortir de l'Euro… », Jacques Sapir, 6 avril 2011.

coûteuse pour la France. Elle s'appliquerait non seulement à la dette publique mais aussi à la dette privée (banques, compagnies d'assurances et entreprises).

Implications d'une sortie

Une sortie de l'euro redonne à la France la maîtrise de sa politique économique. C'est l'argument avancé par ses partisans. Argument partiellement vrai, car cette maîtrise n'est pas absolue. La France devra tenir compte de ses engagements européens et de l'incidence de ses décisions sur les marchés financiers. En premier lieu, le gouvernement devra décider du montant de la dévaluation du franc. Une fourchette large se situe entre 15 et 25 %. Le premier chiffre est acceptable par nos partenaires européens puisqu'il se situe dans les limites de l'ERM II. En revanche, le second ne l'est pas. Il accorde un avantage compétitif excessif à la France. Il est probable que le gouvernement s'efforcera d'obtenir l'accord de ses partenaires sur une dévaluation de 20 %. La valeur du nouveau franc entérinée, il lui faudra définir une politique économique. Elle aura deux objectifs principaux et devra faire face à deux défis.

L'objectif premier est la croissance. D'où peut-elle venir ? De la consommation, de l'investissement ou des exportations. Dans le climat d'incertitude créé par la sortie de l'euro, il ne faut pas s'attendre à une augmentation de la consommation des ménages, d'autant qu'un chômage élevé et persistant les incitera à la prudence. Sans augmentation de la consommation, il est vain de compter sur l'investissement privé. L'investissement public peut s'y substituer mais, dans l'état actuel du budget, il accroît l'endettement de la France. Le recours aux marchés financiers étant exclu en raison de l'incertitude créée par la sortie de l'euro privant la France d'une ressource dont elle a abondamment usé dans le passé, son financement sera assuré par les épargnants. C'est la solution préconisée par les partisans d'une sortie. Son succès repose sur l'accueil du public envers les obligations du gouvernement libellées dans un nouveau franc non encore testé par le temps. Compte tenu du climat d'incertitude qui régnera alors et de la prédilection des Français pour la pierre, il est permis de penser que l'accueil sera très réservé. L'essentiel de ces obligations sera donc probablement acheté par la Banque de France, ce qui entraînera une augmentation de la masse monétaire et de l'inflation. Le franc se dépréciera et la France entrera dans un cercle vicieux inflation-dévaluation préjudiciable à son économie. Cette solution n'est pas viable. Il existe une autre source de croissance : l'exportation. Deux voies s'offrent alors à la France : une croissance par le haut, c'est-à-dire par la qualité et l'innovation, ou par le bas, c'est-à-dire par les prix. La première exige un renforcement de la compétitivité des entreprises, c'est-à-dire plus de productivité, de R&D, de formation et une stratégie commerciale ad hoc. La croissance par le bas est condamnée à terme puisqu'elle met nos entreprises en concurrence avec les nations émergentes dont les coûts sont structurellement plus faibles que les nôtres. Dès lors, la croissance ne peut venir que par le haut – une montée en gamme de nos produits. C'est pourquoi de nombreux rapports, français et étrangers, insistent sur la nécessité de regagner en compétitivité.

Le second objectif est la stabilité des prix. La dévaluation du franc provoquera une augmentation des prix des biens et des services. Le gouvernement devra veiller à ce qu'elle n'entraîne pas un relèvement excessif des salaires qui induirait une nouvelle augmentation des prix, suivie d'un nouveau relèvement des salaires entraînant l'économie dans un cercle inflationniste infernal dont il est difficile et douloureux de sortir. Par ailleurs, face à une croissance faible et un chômage élevé, avant que la politique à l'exportation ne porte ses fruits, le gouvernement veillera à ne pas recourir à une politique monétaire laxiste pour donner l'illusion d'une croissance retrouvée. Cette politique dite de la « planche à billets » est autodestructrice. La dépréciation du franc qu'elle entraîne, accroît le coût des matières et des produits importés, obérant la compétitivité des entreprises. Si le franc est attaqué sur les marchés financiers, comme il l'a été de 1981 à 1984, le gouvernement sera tenté de demander à la Banque de France d'intervenir pour préserver sa valeur et d'instaurer un contrôle des changes pour limiter la fuite des capitaux. Les réserves monétaires de la France seront rapidement épuisées, et le contrôle des changes ne peut excéder six mois selon les règles de l'Union européenne. Cette solution utilisée dans le passé par de nombreux pays dont la France, n'est pas viable. Le gouvernement sera dans la situation dans laquelle il était au printemps 1983 quand François Mitterrand dut faire appel à Jacques Delors pour restaurer la situation financière de la France. La soumission de la Banque de France au pouvoir politique, hypothèse formulée par les partisans d'une sortie, est irrecevable.[1]

Le gouvernement fera face à deux défis : le déficit budgétaire et l'endettement. L'un et l'autre doivent être réduits. La tâche n'est pas aisée puisqu'une réduction des dépenses de l'État abaisse la demande et donc la croissance – objectif primordial du nouveau gouvernement. La diminution du déficit budgétaire doit donc s'étaler dans le temps pour en minimiser l'impact. La réduction de

1. Même dans le cas d'une sortie conjointe de l'euro et de l'Union européenne, la France ne pourrait décider en toute liberté de la valeur du franc. Une dépréciation excessive entraînerait des mesures de rétorsion de la part de ses partenaires européens bridant son commerce extérieur et, *in fine*, sa croissance.

l'endettement implique un combat sur deux fronts : le coût de fonctionnement de l'État qui est de dix points de PIB supérieur à celui de l'Allemagne (57 % contre 47 %), et le retour de la croissance. Le premier front a été identifié de nombreuses fois, en particulier par la Cour des comptes. Il n'est pas nécessaire d'y revenir. Un simple exemple illustre l'acuité du second. Une nation dont la dette s'élève à 90 % de son PIB, voit son endettement tomber à 69 % si son taux de croissance annuelle est de 5 % pendant dix ans, alors qu'il atteint 112 % si son taux n'est que de 1,5 %, toutes choses égales par ailleurs.[1] Les exportations étant l'une des sources de croissance les plus sûres, la latitude du gouvernement dans la définition de sa politique est limitée. Il doit en priorité accroître la compétitivité des entreprises. Cette politique exportatrice que nous préconisons a pour but de rééquilibrer le commerce extérieur français. Elle se distingue de la politique mercantile de l'Allemagne que nous critiquons dans le prochain chapitre.

Questions pratiques

Tout comme lors de l'introduction de l'euro, des questions pratiques se poseront à sa sortie : impression de billets de banque, fabrication de pièces de monnaie, réécriture des programmes informatiques, adaptation des distributeurs de billets, etc. La période allant de l'annonce officielle de la sortie de l'euro à l'introduction du franc sera longue, créant un climat d'incertitude. Les Français seront tentés de retirer leurs euros de leurs comptes en banques de crainte d'être spoliés par le passage à un franc dévalué. Le gouvernement sera sans doute obligé de limiter le montant

1. Dans le premier cas, le calcul suppose que le taux d'intérêt de la dette baisserait à mesure que son poids baisserait en pourcentage du PIB. À l'inverse, le calcul suppose que le taux d'intérêt augmente si le poids de la dette croît.

de ces retraits pour en limiter l'impact sur l'économie.[1] A ces retraits s'ajoutera la fuite des capitaux étrangers, comme cela a été le cas récemment en Grèce. Les marchés financiers, craignant que la sortie de la France n'entraîne d'autres pays à faire de même, se détourneront des valeurs européennes. La montée des taux d'intérêt qui en résultera, aura un effet négatif sur la croissance en Europe. Les banques françaises auront de grandes difficultés à se refinancer sur le marché de Londres ou de New York. Des questions épineuses comme les relations financières de la Banque de France avec la Banque centrale européenne devront être résolues. La France ne devra-t-elle pas rembourser les 26,8 milliards d'euros empruntés au travers du système européen de paiement interbancaire ?[2] Dans quel délai et avec quel argent ?

Il faut aussi tenir compte de l'impact d'une sortie de la France sur les autres États membres. Il n'est pas impossible que les pays du sud de l'Europe, Italie, Espagne et Portugal, sans parler de la Grèce, suivent son exemple, en raison de l'avantage concurrentiel que confère une dévaluation de la monnaie. De leur côté, les pays du nord, Allemagne, Pays-Bas, Belgique, Luxembourg, Autriche et Finlande pourraient être tentés par la création d'un euromark pour consolider leur zone économique. L'Europe se retrouvera alors dans la situation d'instabilité proche de celle qu'elle connut suite à la décision de Nixon d'août 1971. Si l'euro n'est pas la solution à leurs problèmes, les Européens devront en trouver une autre. Les tentatives précédentes, Serpent et

1. Une fermeture temporaire des banques aura peu d'effet en raison de la durée de la période de transition.

2. Ce montant représentant le solde de la balance commerciale française non financé sur le marché des capitaux. Le système de transfert express automatisé transeuropéen à règlement brut en temps réel, plus connu sous son acronyme Target2 a pour but de faciliter les transactions financières internationales.

SME, qui se sont soldées par des échecs ne portent pas à l'optimisme.

En conclusion, l'hypothèse d'une sortie ne peut être exclue d'une réflexion sur l'euro mais elle n'est pas la panacée que ses partisans prétendent.[1]

L'EURO PEUT-IL ÊTRE SAUVÉ ?

Si certains souhaitent sortir de l'euro, d'autres veulent le pérenniser. La crise a mis en évidence ses défauts structurels et fait apparaître des problèmes inattendus. Les dirigeants européens ont agi dans l'urgence tout en suivant un schéma directeur vers plus d'intégration. Leur priorité était de briser le cycle infernal (*feedback loop*) liant les États à leurs banques. Ce fut fait grâce au FESF, au MES et aux interventions de la BCE. Puis, il a fallu s'attaquer aux déficits budgétaires et à la non-compétitivité de certaines économies. Ce fut l'objet du pacte pour l'euro, du pacte budgétaire et du Semestre européen. Si des progrès ont été faits, il n'en reste pas moins vrai que l'euro reste fragile. Pour tenter de répondre à la question posée, analysons les propositions de la Commission européenne et de plusieurs instituts ou *think tanks*. Elles se résument par « plus d'Europe ».

Solutions politiques

En juin 2015, la Commission a publié un rapport intitulé « Compléter l'union économique et monétaire européenne ». Plus connu sous le nom de « Rapport des cinq présidents »,[2] il n'apporte guère d'éléments nouveaux, sauf la reconnaissance de divergences structurelles à l'intérieur

1. Dans une série de trois articles, Jean Peyrelevade s'est livré à une vibrante plaidoirie en faveur de l'euro. *Les Échos*, 15, 17 et 20 avril 2015.

2. Jean-Claude Juncker, Donald Tusk, Jeroen Dijsselbloem, Mario Draghi et Martin Schulz.

de la zone euro jusque-là ignorée, la nécessité d'ajustements symétriques à laquelle l'Allemagne est opposée et la création d'un budget commun conférant à l'UME un second levier en complément du levier monétaire mais sans indications précises des ressources nécessaires pour l'alimenter. En résumé, un bel exercice mais à la portée pratiquée limitée. Son prédécesseur intitulé : « Vers une véritable union économique et monétaire », publié en décembre 2012, émettait des souhaits s'articulant autour de quatre thèmes : le premier ayant trait au secteur bancaire, le second au renforcement de l'intégration budgétaire et à la résistance aux chocs asymétriques, le troisième à la convergence des politiques économiques des États membres, et le dernier à la légitimité démocratique. Depuis sa publication des progrès ont été accomplis, comme nous l'avons noté dans le chapitre précédent. L'Union bancaire est une avancée décisive. Le pacte de stabilité et de croissance renforcé et le pacte budgétaire européen donne à la zone euro une assise plus solide pour résister aux crises. Le Semestre européen devrait réduire les disparités entre États membres en imposant une plus grande convergence. En revanche, aucun progrès n'a été accompli dans le domaine de la légitimité démocratique. Ce n'est pas surprenant compte tenu de la nature du sujet. Le rapport évoque le principe de subsidiarité tout en prônant plus d'intégration politique ce qui semble contradictoire. En conclusion, le rapport identifie correctement les défis à relever dont certains ont été pris en compte, mais il demeure vague sur les questions sensibles. Notons aussi que la référence de ce rapport est le modèle allemand bien qu'il ne soit jamais mentionné. Or, ce modèle ne peut être étendu à l'Europe.

Les politiques ont aussi apporté leur pierre à l'édifice. Le 3 juin 2015, dans une lettre commune, Emmanuel

Macron et Sigmar Gabriel ont appelé à plus de convergence des économies de la zone euro et à la création d'un budget commun alimenté par une taxe sur les transactions financières. Dans sa conférence de presse du 14 juillet 2015, François Hollande a proposé la création d'un « gouvernement économique européen ». Il réitérait sa proposition du 22 mai 2013 à laquelle Angela Merkel avait semblé se rallier lors de son séjour à Paris, le 30 mai 2013. Cependant, une lecture plus attentive de ses propos révèle une différence de vue. Dans l'interview qu'elle accorde au magazine Der Spiegel, quelques jours après son entrevue avec le président français, la chancelière parle de « gouvernance économique » et non de « gouvernement économique ». La différence entre les deux expressions, en apparence anodine, est de taille. Dans le premier cas, rien n'est changé par rapport à la situation actuelle. Il s'agit seulement de se conformer à des règles communes – position bien connue de l'Allemagne. Dans le second, la zone euro change de nature pour se rapprocher d'une fédération. Le projet du président se place dans le droit fil de la position traditionnelle française : dissoudre l'influence allemande dans de nouvelles structures. Angela Merkel en est consciente. C'est pourquoi elle réitère la position de l'Allemagne[1].

Les solutions des « think tanks » partagent les mêmes inquiétudes que les dirigeants politiques et les instances européennes. Leurs analyses et conclusions offrent de nombreuses similitudes. Ainsi, le Conseil pour le futur de l'Europe, composé d'anciens dirigeants politiques et d'économistes de renom, propose-t-il une plus grande intégration économique et budgétaire pour mettre fin à la

1. Le 9 octobre, Mario Draghi déclare que l'architecture de la zone euro est inachevée et appelle à l'achèvement de l'Union bancaire.

crise de l'euro.[1] Il n'y a rien là de très original même s'il se prononce en faveur des euro-obligations.[2] Plus courageuse est l'initiative de Guido Westerwelle en septembre 2012, alors qu'il est ministre des affaires étrangères de l'Allemagne. Elle réunit onze nations[3] et laissait entrevoir une avancée décisive dans la construction européenne basée sur une coordination plus étroite des politiques économiques, la création d'un mécanisme de surveillance unique, l'élection du président de la Commission au suffrage universel (tous les signataires n'étaient pas d'accord avec cette disposition) et un renforcement du rôle de l'Europe sur la scène internationale adossé à une consolidation de la politique de défense et une représentation unique dans les instances internationales. Certaines de ses propositions ont été mises en œuvre depuis la rédaction du rapport. Les plus audacieuses n'ont pas été retenues, et le rapport fut vite oublié. Trois autres initiatives se prononcent en faveur de plus d'Europe avec des divergences notables.

La première publie un appel pour « une nouvelle étape vers l'Euro-fédération », simultanément en France, en Allemagne et en Italie.[4] Notant que « l'euro ne peut survivre sans une avancée politique majeure », ses membres proposent un « fédéralisme de nécessité qui donnera naissance à une véritable Europe politique et sociale ». Ce fédéralisme repose

1. Jacques Delors, Gerhard Schröder, et Joseph Stiglitz sont membres de ce Conseil.

2. Obligations émises en commun par des États membres de la zone. Voir *infra*. Aucune n'a été émise à ce jour.

3. Allemagne, Autriche, Belgique, Danemark, Espagne, France, Italie, Luxembourg, Pays-Bas, Pologne et Portugal.

4. L'appel fut lancé le 9 mai 2013. Parmi les signataires figurent Jacques Attali, Pascal Lamy, Simone Harari, Benoit Thieulin, Jean-Marie Cavada, Michel Rocard, Daniel Cohen-Bendit, Jo Lienen, Evelyne Gebhardt, Anne-Marie Lizin, Virgilio Dastoli, Romano Prodi, Barbara Spinelli, Enrique Baron Crespon et Haris Pambоukis.

sur un gouvernement économique et un budget européen de croissance. La coopération entre la Commission et les trésors nationaux serait renforcée par la création d'un Institut fiscal européen, précurseur d'un Trésor européen à l'image de l'Institut monétaire européen qui précéda la Banque centrale européenne. Le budget européen serait alimenté par la rétrocession d'un point de TVA, une taxe carbone ou une taxe sur les transactions financières. La croissance viendrait d'une plus grande productivité obtenue grâce à des réformes structurelles et des investissements dans des industries d'avenir (nanotechnologies, industrie numérique, aéronautique, etc.). Des « project bonds » financeraient ces investissements.[1] Les seconde et troisième initiatives sont proposées par le Glienicker Group et le groupe Eiffel.[2] Le premier est allemand, le second français. Rédigées en termes différents, leurs propositions sont proches en esprit. Le Glienicker Group préconise un approfondissement de l'union monétaire dans quatre domaines : le secteur bancaire, le marché du travail (mutualisation des allocations-chômage et mobilité des salariés), les droits fondamentaux (au travers d'une surveillance fédérale) et le bien public (protection des frontières, statut des demandeurs d'asile, traitement humain des réfugiés, protection de l'environnement, etc.). Un gouvernement économique de la zone euro aurait autorité

1. La nature de ces *project bonds* n'est pas définie.

2. Les membres du Glienicker Group sont : Armin von Bogdandy (*Max-Planck-Institut for Comparative Law and International Law*), Christian Calliess (FU Berlin), Henrik Enderlein (*Hertie School of Governance*), Marcel Fratzscher (DIW), Clemens Fuest (ZEW), Franz Mayer (Uni Bielefeld), Daniela Schwarzer (SWP), Max Steinbeis (Verfassungsblog), Constanze Stelzenmüller (*German Marshall Fund*), Jakob von Weizsäcker (*Thüringer Wirtschaftsministerium*) et Guntram Wolff (Bruegel). Les membres du Groupe Eiffel sont : Agnès Bénassy-Quéré, Yves Bertoncini, Jean-Louis Bianco, Laurence Boone, Bertrand Dumont, Sylvie Goulard, André Loesekrug-Pietri, Rostane Mehdi, Étienne Pflimlin, Denis Simonneau, Carole Ulmer, et Shahin Vallee.

pour intervenir auprès des États membres en infraction des règles communautaires. Son budget serait alimenté par une cotisation de 0,5 % du PIB. L'attribution d'un siège au Conseil de sécurité des Nations unies est aussi envisagée. Le Groupe Eiffel prévoit aussi un gouvernement responsable devant une assemblée élue au suffrage universelle. Son budget serait alimenté par une taxe sur les entreprises ou une taxe environnementale. L'esprit qui anime ces trois groupes est proche. Tous envisagent un approfondissement de la zone euro, même si certaines de leurs propositions sont assez éloignées, trahissant l'appartenance politique de leurs membres. Leurs solutions exigent un nouveau traité – obstacle difficile à franchir actuellement. C'est là où le bât blesse.

Toutes ces solutions reposent sur un postulat, le « plus d'Europe », qui ignore ou espère effacer les faiblesses structurelles de l'Europe en poursuivant la marche en avant commencée en 1957. Cette voie qui a la faveur de nombreux dirigeants d'horizons divers, conduit à une impasse. Il faut corriger ces faiblesses avant d'aller plus loin.

Les « blue bonds » et la jeune Amérique

De toutes les solutions proposées, la plus ancienne et la plus originale est celle de Jacques Delpla et Jakob von Weizsäcker : « *The Blue Bond Proposal* ».[1] Les auteurs proposent l'émission par les États membres d'euro-obligations qu'ils subdivisent en *blue bonds*, obligations bleues et *red bonds*, obligations rouges. Les premières dont le montant est limité à 60 % du PIB de l'État qui les émet, bénéficient de la garantie de l'ensemble des États membres. Leur taux d'intérêt devrait être égal à la moyenne pondérée des taux nationaux, abaissant ainsi le

1. Bruegel. Mai 2010.

taux des pays de la périphérie. Par leur volume, proche de celui des obligations du Trésor américain, les « blue bonds » devraient être plus liquides que les obligations nationales et donc plus attrayantes pour les investisseurs. Les « red bonds » ne bénéficiant pas de la garantie des États membres auraient un taux d'intérêt plus élevé. La mise en place de ces obligations serait progressive sous l'égide d'un Conseil de stabilité indépendant chargé de veiller au respect des règles communes, en particulier celles concernant les dépenses publiques. Selon ses auteurs, elle ne requiert pas de modification des traités existants puisque la limite des 60 % satisfait aux critères de Maastricht.

Pour attrayante qu'elle soit, cette solution n'est pas sans défaut. Si elle abaisse les taux d'intérêt de la périphérie, elle augmente ceux de la zone nord. Pourquoi l'Allemagne accepterait-elle un tel arrangement ? L'argument selon lequel il n'y a pas lieu de modifier les traités est aussi sujet à caution. Il est douteux que l'Allemagne, fermement opposée à toute forme de mutualisation de la dette, l'accepte. En dépit de ses défauts, elle n'en a pas moins ses émules. Jean-Claude Juncker, alors président de l'Eurogroupe, est de ceux-ci. Il propose d'abaisser la limite proposée par les auteurs de 60 à 40 %.[1] Le Conseil de l'Europe envisage également cette solution dans son rapport 26 juin 2012.[2] Mais, peut-être son plus grand intérêt réside-t-il dans le lien qu'elle crée avec les États-Unis à l'origine de leur histoire. Thomas Sargent, prix Nobel d'économie 2011, établit ce lien lors de son discours de réception du Nobel d'économie en 2011. Il est très éclairant. En voici un résumé.

1. « *The Euro-Nomics Group* » a proposé les *European Safe Bond* et le *German Council of Economic Experts* le *Redemption Pact.* Deux économistes, Christian Hellwig et Thomas Philippon, ont proposé une autre option avec les *Eurobills.*

2. Herman van Rompuy, « *Towards a Genuine Economic and Monetary Union* ».

La situation financière de la jeune nation est désastreuse. Son endettement est élevé et ses obligations se vendent au-dessous de leur prix d'émission, signe indubitable de la désaffectation des investisseurs. La Guerre d'indépendance a coûté très cher. Nommé Secrétaire au Trésor en 1789, Alexandre Hamilton doit rétablir les finances publiques sans tarder. Il est confronté à une situation particulière. L'État fédéral qui a financé les deux tiers de la guerre, n'a pas les ressources nécessaires pour faire face à ses engagements. Le Congrès ne peut lever de nouveaux impôts sans l'accord unanime des treize États fédérés. Or ceux-ci refusent de partager leurs revenus avec l'État fédéral. Hamilton obtient leur accord en échange du rachat des dettes qu'ils ont contractées lors de la Guerre d'indépendance. Cela exige une nouvelle constitution qui se substituera aux articles de la Confédération du deuxième congrès continental de 1776. Elle sera adoptée le 17 septembre 1787 à la convention de Philadelphie. Grâce à la perspicacité du jeune et brillant Secrétaire au Trésor ainsi qu'à son habileté politique, les finances de la jeune nation se rétablissent rapidement. Tout irait pour le mieux dans le meilleur des mondes si les choses en étaient restées là. Mais, ce n'est pas le cas.

Désireux de jouir de la plus grande autonomie possible vis-à-vis de l'État fédéral, les États fédérés entendent assurer leur développement économique eux-mêmes. Ils décident de financer de grands programmes infrastructures dans les années 1830 et 1840. Rassurés par la situation financière des États-Unis, les investisseurs étrangers n'hésitent pas à acheter les obligations de ces États. Mal leur en prit car elles ne bénéficient pas de la garantie de l'État fédéral. Appelé à la rescousse, celui-ci refuse d'intervenir. Échaudés par cette expérience, les États fédérés amendent alors leur constitution afin d'interdire les déficits budgétaires. Ils mettent en place une « règle d'or ».

Ce rappel historique est instructif non seulement en raison des leçons qu'il contient mais aussi par la mesure qu'il donne des progrès accomplis par l'Europe. Première leçon : l'exemple américain montre qu'une union fiscale précède une union monétaire. Elle ne la suit pas. Le Trésor américain a été créé le 2 septembre 1789, la Banque des États-Unis le 25 février 1791. Deuxième leçon : à l'instar des États fédérés, les États membres de la zone euro doivent limiter leurs déficits budgétaires. C'est désormais chose faite avec le pacte de stabilité et de croissance renforcé (ou *Six-pack*) et la règle d'or. Troisième leçon : les programmes d'infrastructure doivent être la responsabilité de l'État fédéral. Ce n'est pas le cas en Europe même s'il existe des propositions en ce sens. Quatrième leçon : à toute nouvelle dépense doit correspondre un financement. Cinquième et dernière leçon : la signature d'un pays, son crédit sur les marchés financiers, est un élément crucial de son développement économique.

LE DÉFICIT DÉMOCRATIQUE

Le déficit démocratique concerne l'Union européenne. Stricto sensu, il est hors sujet mais sa perception par le public rejaillit sur l'euro. Défini sommairement, il est une surreprésentation des instances bruxelloises au détriment de la *vox populi*. La Commission européenne est perçue comme une « eurocratie », sans légitimité démocratique. Cette situation tient à la volonté des États membres, en particulier de la France et de l'Allemagne, de préserver leur souveraineté. C'est aussi une politique délibérée de ces mêmes nations de se défausser sur la Commission en cas de décisions impopulaires. Blâmée si elle agit, souvent à leur instigation, elle est aussi blâmée si elle n'agit pas, en raison de l'opposition de ces deux nations. La Commission est le bouc émissaire par excellence des affaires européennes.

Dans une étude d'août 2012, Nicolas Véron, chercheur à l'institut Bruegel, attribue cette situation qu'il nomme « déficit d'exécutif » à la non-représentativité des institutions européennes. Ni la Commission, ni le Conseil de l'Europe, ni Ecofin, ni l'Eurogroupe ne sont responsables devant les Européens. Par ailleurs, il note que le traité de Lisbonne de 2007 se substitue à la Constitution européenne avec un texte quasiment identique à celui repoussé par les Hollandais et les Français en 2005. Il note également qu'il est demandé aux Irlandais d'approuver en 2009 le traité qu'ils avaient rejeté en 2008. À cette liste, s'ajoutent le refus opposé par Angela Merkel et Nicolas Sarkozy au référendum proposé par Papandréou sur l'accord signé quelques jours plus tôt, la tentative de Jean-Claude Juncker d'influencer le résultat du référendum grec du 5 juillet 2015 et la remarque de Wolfgang Schaüble qui considère que les élections ne signifient rien. Le déficit démocratique est indubitable. Au vu de cette attitude de la classe politique, il n'est pas surprenant que 50 % des Européens jugent que leurs « voix ne comptent pas ».[1]

Cet euroscepticisme prend ses racines dans la crise économique née de la crise de l'euro mais aussi dans la mondialisation et la troisième révolution industrielle. Le fossé qui sépare l'élite politique du peuple depuis plusieurs décennies, conforte un sentiment d'impuissance. Confrontés à une baisse de niveau de vie et un chômage élevé, de nombreux Européens ne se reconnaissent plus dans cette Europe technocratique éloignée de leurs préoccupations

1. Eurobaromètre standard 83, printemps 2015.

quotidiennes, et manifestent leur mécontentement. D'où le succès de nouveaux partis politiques, tel Podemos ou Ciudadanos en Espagne, et UKIP au Royaume-Uni, AfD en Allemagne ou d'autres plus anciens, comme le Front national en France. Ce populisme représente un réel danger pour l'Europe, et appelle une vision renouvelée de la construction européenne avec à l'appui « un modèle politique et économique proprement européen ».[1] Encore faut-il que ce modèle jouisse de l'assentiment populaire. On ne fait pas le bonheur des peuples malgré eux.

Ce « déficit d'exécutif » peut-il être corrigé ? Difficile, si l'on en croit Dani Rodrik, professeur d'économie politique à l'Université d'Harvard. Son théorème, connu sous le nom de trilemme de Rodrik, se présente sous la forme d'un trinôme : l'espace commun, l'État-nation et la démocratie. Il est possible d'associer deux des trois termes mais pas les trois. Exemple : quand Georges Papandréou annonce son intention de tenir un référendum, l'Allemagne et la France s'y opposent. L'espace commun, (l'Europe) et l'État-nation (la Grèce) sont compatibles, mais la démocratie disparaît puisque le peuple ne peut s'exprimer. Autre exemple : quand les peuples choisissent leurs députés européens, l'espace commun (l'Europe) et la démocratie coexistent mais l'État-nation perd en partie sa raison d'*être*. Dernier exemple : *démocratie et États-nations* sont compatibles mais il n'y a plus d'espace commun. L'Europe est alors dans la situation dans laquelle elle était dans les années 50. Comment les États-Unis ont-ils résolu ce « trilemme » ?[2] Dans le temps et dans la douleur. En 1776, les treize États sont des nations

1. « Euroscepticismes et europhobie : l'Europe à l'épreuve des populismes », Thierry Chopin, Fondation Robert Schuman, 14 décembre 2015.

2. Notons que le « trilemme » n'est jamais totalement résolu, à preuve le *Tea Party* qui est une rébellion contre le pouvoir fédéral.

indépendantes. La prééminence de l'État fédéral s'affirme graduellement. La Constitution de 1787 se substitue à la Confédération de 1776. La Guerre de sécession renforce le pouvoir *fédéral* vis-à-vis des États fédérés.[1] La Réserve fédérale, créée en 1913, donne à Washington le levier dont il a besoin pour conduire la politique monétaire et superviser le système bancaire. Le *New Deal* qui met fin à la crise de 1929, accorde à l'État fédéral des pouvoirs étendus au plan économique et social. La Seconde Guerre mondiale consacre sa prépondérance sur les États fédérés.

Peut-être inspiré par le trilemme de Rodrik, José Manuel Barroso proposa la création d'une fédération d'États-nations dans son discours du 12 septembre 2012. Il doit ce concept à Jacques Delors qui le définit ainsi : « la fédération d'États-nations doit avoir une politique monétaire commune, une politique économique étroitement coordonnée et une politique étrangère qui rende possible des actions communes, diplomatiques et militaires… Elle s'oppose à "l'Europe des nations" qui repose sur une pratique intergouvernementale. » Initialement, le concept fut fraîchement accueilli, qualifié d'oxymore ou de « formule alambiquée ».[2] Jean-Luc Mélenchon qui ne fait pas dans la dentelle, le traita de « concept bidon ». Peu à peu, cependant, les ténors de la politique s'y rallièrent. En France, avec Lionel Jospin, Hubert Védrine, Jacques Chirac et Jean-Pierre Raffarin. Puis à l'étranger, avec Joschka Fisher et Romano Prodi. Du côté français, le ralliement est assorti d'une sérieuse réserve. « Faire l'Europe sans défaire la France » dit Jospin. « Nous n'envisageons pas la

1. En 1863 est créé l'*Office of the Comptroller of the Currency* dont l'objet initial est de financer la guerre de Sécession qui se transformera plus tard en agence de surveillance des banques.

2. Jean Pisani-Ferry, *Le réveil des démons*, Fayard 2011, p. 47.

création d'un super État européen qui se substituerait à l'État-nation. » déclare Chirac devant le Bundestag. Droite et gauche approuvent ce concept « delorien » à condition qu'il ne remette pas en question l'État-nation. Or, comme le montrent l'exemple américain et le trilemme de Rodrik, la fédéralisation de l'Europe implique la subordination des États membres à une autorité fédérale. Maladroit dans sa formulation, le concept n'en traduit pas moins la réalité d'aujourd'hui. À preuve, l'évolution constitutionnelle que subit l'Union par touches successives. Une fédéralisation rampante, en quelque sorte.

Le traité d'Amsterdam crée le poste de Haut-représentant à la politique étrangère et à la sécurité commune. En 2007, le traité de Lisbonne accroît ses attributions et modifie son libellé. Le titulaire s'appelle désormais le haut-représentant de l'Union pour les Affaires étrangères et la politique de sécurité. Le traité de Lisbonne crée également le poste de président du Conseil européen, élu à la majorité qualifiée du Conseil pour un mandat de deux ans et demi, renouvelable une fois.[1] Son premier titulaire est une personne terne, sans grande envergure, Herman Van Rompuy. Il s'agit d'un calcul politique de la part de la France et de l'Allemagne afin de préserver leur liberté d'action. C'est aussi vrai de José Manuel Barroso. Dans la liste des présidents de la Commission, Jacques Delors fait exception par sa personnalité et ses convictions. La France et l'Allemagne se gardèrent bien de nommer un président d'un tel calibre dans les années qui suivirent. Cette politique qui privilégie la médiocrité dans les nominations à un prix : l'immobilisme. Cette situation ne pouvant perdurer, les gouvernements ont choisi Jean-Claude Juncker, comme nouveau président

1. Précédemment, le poste était une présidence tournante.

de la Commission. C'est un dirigeant confirmé, familier des *modus operandi* bruxellois. Il a d'ailleurs déclaré que sa Commission était celle de la dernière chance. Cette *déclaration* qui cache mal l'habileté d'un homme politique exagérant la difficulté de la tâche pour en magnifier la réussite future, n'en recèle pas moins un fond de vérité.

CONCLUSION

L'euro avait deux objectifs principaux : stabiliser le marché des changes et relancer l'économie européenne. Il a atteint le premier grâce à la mise en place d'un système monétaire rigide et raté le second en imposant le modèle économique allemand. La France est avec l'Allemagne l'un des principaux architectes de l'euro. Sa sortie le condamnerait et créerait une période d'instabilité économique et politique dont elle pâtirait. Structurellement, elle appartient de plein droit à la zone euro à condition de refonder son modèle économique et social vieux d'un demi-siècle. Il n'en va pas de même des pays de la périphérie, Italie exclue, dont l'appartenance n'est pas démontrée. Les sacrifices qui leur sont demandés pour en être membres, excèdent les bénéfices qu'ils en retireront. Si l'objectif ultime est une Europe fédérale, les États-Unis fournissent un exemple des difficultés à surmonter pour y parvenir ainsi que le chemin à suivre. Un élément malheureux, la guerre de Sécession, a unifié le pays mais il a fallu près d'un siècle et une crise économique d'ampleur pour asseoir le pouvoir fédéral. Compte tenu des différences linguistiques et culturelles, la route sera plus longue et plus difficile pour l'Europe. À nouveau, la France et l'Allemagne ont un rôle crucial à jouer dans cette marche vers l'unité.

VI. Le couple franco-allemand

La coopération franco-allemande est l'élément moteur du projet européen. Cela dit, l'expression « couple franco-allemand », si souvent utilisée, est vide de sens. Ainsi qu'aimait le rappeler Winston Churchill, les nations n'ont pas d'amis, seulement des intérêts. Ce qui est vrai pour Albion, qui n'est pas aussi perfide que certains le pensent mais est dotée d'un sens aigu de ses intérêts, l'est aussi pour la France et l'Allemagne. Leur relation s'appréhende en termes de pouvoir dans la défense de leurs intérêts propres. L'histoire de l'Europe se résume en deux grandes étapes. La première est française dans sa conception, non seulement en raison de l'ascendant du général de Gaulle sur Konrad Adenauer, mais aussi parce que la France impose sa vision d'une Europe des nations. En revanche, la seconde est allemande. La réunification, l'institution de l'euro et la mondialisation dans laquelle l'Allemagne est entrée de plain-pied confèrent à notre voisin un poids considérable dans l'Union européenne, détruisant du même coup le fragile équilibre du « couple ». L'Union européenne est à l'orée d'une troisième étape où conceptions française et allemande doivent se rapprocher. C'est la condition *sine qua non* à sa survie.

CONVERGENCE DES POLITIQUES ÉCONOMIQUES

Lors des débats qui précédent la création de la monnaie unique, deux écoles de pensée s'affrontent : les « économistes » et les « monétaristes ».[1] Pour les premiers, la convergence des politiques économiques des futurs États membres est un préalable à la création de l'euro, alors que pour les seconds elle doit en être un effet. Les banquiers centraux ont beaucoup insisté pour que la convergence des politiques économiques précède et ne suive pas l'adoption de la monnaie unique. Allemands et Hollandais sont aussi de cet avis. Français et Italiens sont d'un avis opposé. Les joutes oratoires opposant les deux parties débouchent sur un compromis : les « monétaristes », entendez les Français, obtiennent satisfaction, la monnaie unique sera créée avant que la convergence ne soit achevée à condition que les futurs États membres satisfassent aux critères d'adhésion imposés par les « économistes », c'est-à-dire les Allemands. Chacune des deux parties s'estima satisfaite. C'était faire preuve d'optimisme ou de naïveté.

Conformément à son engagement, dans un premier temps, la France adopte une politique qui la rapproche des critères de convergence. C'est la politique du « franc fort » entamée dès 1986, en anticipation du traité de Maastricht. C'est un succès. Le franc se stabilise et, après un temps de latence, le solde commercial devient excédentaire. Mais, ce succès est de courte durée. Dans un second temps, suite aux élections anticipées de 1997, une nouvelle politique est adoptée. Lionel Jospin est nommé Premier ministre. Le chômage restant la préoccupation première des Français, le

1. Le terme « monétariste » n'a aucun rapport avec la théorie économique du même nom.

gouvernement prend une série de mesures sans effet durable sur l'emploi mais préjudiciables pour la compétitivité des entreprises. Ce sont les 35 heures payées 39 avec un effet induit coûteux : l'harmonisation des SMIC.[1] Puis, vient la Loi de modernisation sociale. Critiquée par Laurent Fabius et qualifiée d'usine à gaz par Jean-Pierre Chevènement, son objectif est l'obtention du soutien communiste à l'élection présidentielle de 2002. Il faut ajouter à cette politique la retraite à 60 ans, votée en 1983 dont les effets se font sentir vingt ans plus tard. C'est alors qu'un curieux débat sur une cagnotte fiscale embrase le monde politique. Par quel miracle 50 milliards de recettes inattendues peuvent-ils être qualifiées de « cagnotte » alors que la France satisfait avec peine aux critères de Maastricht ? Voilà une question à laquelle il n'a jamais été répondu. Les effets de cette politique désastreuse pour la France ne tardent à se faire sentir : augmentation du coût du travail, perte de compétitivité, détérioration de la balance commerciale, aggravation du déficit budgétaire et de la dette nationale.[2]

Le drame de la France est que dans la décennie qui suit les années Jospin, l'Allemagne adopte des mesures destinées à rétablir sa compétitivité mise à mal par la réunification.[3] De 2003 à 2005, le chancelier Schröder fait voter les lois Hartz.[4] Le redressement de la balance commerciale est spectaculaire. Jamais les politiques de la France et de l'Allemagne n'ont été aussi éloignées l'une de l'autre. Faisant peu de cas de ses engagements européens, la France

1. Loi Aubry I (juin 1998). Loi Aubry II (janvier 2000).

2. Le total des charges salariales et patronales s'élève à 45 % en France contre 27 % en Allemagne (OCDE).

3. La réunification allemande a coûté 1 500 milliards d'euros sur 20 ans, soit plus de 50 % du PIB 2014.

4. Hartz I (janvier 2003). Hartz II (avril 2003). Hartz III (janvier 2004). Hartz IV (janvier 2005).

privilégie la consommation en relevant les salaires alors que l'Allemagne accorde la priorité à l'exportation en modérant les salaires. En France, la mondialisation est perçue comme une menace par beaucoup alors qu'elle est considérée comme une opportunité en Allemagne. Un SMIC jeune est tabou en France. En Allemagne, un salaire minimum à taux variable selon l'âge, le secteur et la localisation se met progressivement en place depuis le 1er janvier 2015. Au nom de l'égalité, les mini-jobs sont prohibés en France alors qu'il y en existe 7,4 millions en Allemagne. S'il y a lieu de saluer le courage politique de Schröder et la maturité des Allemands qui comprennent que des réformes sont nécessaires pour faire face à une économie mondialisée, il faut cependant souligner le côté déflationniste de cette politique qui pénalise la zone euro.

Structurellement proches mais idéologiquement éloignés

Ce rappel historique montre la difficulté qu'il y a à faire converger deux économies proches structurellement mais idéologiquement éloignées. Toute politique économique fait face à deux défis : la création et la distribution de richesse, d'une part, le rôle respectif de l'État et du marché, d'autre part. Au XVIIIe siècle, Adam Smith, philosophe écossais, postule qu'une « main invisible » crée l'équilibre entre offre et demande, sans qu'il soit nécessaire à l'État d'intervenir. Deux siècles plus tard, John Maynard Keynes, instruit des conséquences dramatiques de la crise de 1929, prend le contre-pied, et prône l'immixtion de l'État dans l'économie afin d'assurer le plein-emploi. Au XIXe siècle, Karl Marx s'était fait l'avocat de la nationalisation des moyens de production pour assurer une juste répartition de la richesse produite. Ces trois théories résument les grands défis auxquels l'économie est confrontée et les solutions qui y ont été apportées. Bien évidemment, ce résumé ne rend pas compte de la complexité du sujet, mais offre un cadre d'analyse utile pour appréhender la question de l'euro. La croissance est au cœur du débat puisqu'elle génère le plein-emploi – plein-emploi qui assure la paix sociale, et accessoirement la réélection des politiciens. Comment la France et l'Allemagne abordent-elles cette question ?

En France, l'État considère que la croissance est de son ressort. Il s'appuie sur la consommation des ménages, confortée par une démographie favorable, pour la créer et la maintenir. Le pouvoir d'achat est une priorité absolue au détriment de la stabilité des prix et de la compétitivité des entreprises. L'échelle mobile, qui n'existe plus dans les textes mais demeure dans les esprits, relève salaires et prestations sociales automatiquement, à preuve les années 2001-2015 pendant lesquelles les augmentations de salaire excèdent les gains de productivité (à l'exception des années 2008 et 2009). Dans cette vision, le marché vient en complément de la politique du gouvernement. Les entreprises ne sont que des instruments de cette politique et de sa quête du plein-emploi. En bref, le social prime sur l'économie et la distribution sur la création de richesse. C'est une politique de court terme qui déprécie la monnaie et engendre de l'inflation, reprenant d'une main aux salariés ce qu'on leur a donné de l'autre. L'Allemagne privilégie l'exportation au détriment de la consommation des ménages. La productivité en est un élément clé avec l'excellence des produits offerts, la stabilité des prix et l'équilibre budgétaire. En Allemagne, le marché prime sur l'État – un marché encadré où dirigeants et salariés coopèrent pour assurer la pérennité de l'entreprise et de l'emploi. C'est une stratégie de long terme. L'Allemagne a choisi Adam Smith, la France a opté pour Keynes, sans oublier Marx. Sur le plan conceptuel, les deux nations sont aussi éloignées l'une de l'autre que deux nations avancées peuvent l'être. Elles le sont aussi au plan des performances.

FRANCE : UN ÉTAT OMNIPOTENT

Pendant la longue période qui précède l'introduction de l'euro (1950-1998), le déficit budgétaire moyen de la France est deux fois supérieur à celui de l'Allemagne (2,4 % contre 1,2 % du PIB), et l'inflation moyenne près de deux fois supérieure à celle de l'Allemagne (5,6 % contre 3,1 %). Tout naturellement, le franc se déprécie. En 1950, un franc vaut 1,2 deutsche mark. En 1998, il ne vaut plus que 30 centimes de deutsche mark – sa valeur a été divisée par quatre en un demi-siècle. La dépréciation du franc ou, si l'on préfère l'appréciation du deutsche mark, agit comme une barrière aux importations allemandes en France en en renchérissant le coût, et facilite les exportations françaises vers l'Allemagne en en abaissant le prix. En instituant une monnaie unique, l'Union économique et monétaire met fin à ces variations de cours et avantage l'Allemagne dont les produits – à cours constant – sont plus compétitifs que les produits français.

Cette piètre performance du franc est due à la politique de la France axée sur le pouvoir d'achat et la consommation. Les dévaluations du franc corrigent des augmentations de salaire excessives, à l'instar des célèbres accords de Grenelle de mai 1968 où une augmentation du SMIG de 35 % est compensée par une dévaluation de 12,5 % du franc en août 1969.[1] Dans cette optique, l'économie est conçue

1. Les salaires dans l'industrie s'élèvent à 33 % du prix de vente. L'augmentation du SMIG augmentait le prix de vente d'environ de 12 % – augmentation que la dévaluation du franc annule.

comme une succession de cycles courts, dits cycles du Juglar[1], où alternent périodes de croissance et de récession. Les récessions sont combattues par un accroissement de la demande, c'est-à-dire de la consommation. Ainsi, en réponse aux chocs pétroliers des années 70, la France adopte-t-elle deux plans de relance, le premier en 1975, le second en 1981. Les entreprises en supportent le coût.[2] « Comment faire admettre à la collectivité nationale que la richesse et l'emploi ne peuvent venir que des entreprises et qu'il faut d'urgence les aider à reconquérir leur rang dans la bataille économique mondiale? », s'interrogent Patrick Artus et Marie-Paule Virard.[3]

Alors que la France a pris des engagements au titre du traité de Maastricht, l'avènement de la monnaie unique ne modifie en rien sa politique, abstraction faite de la brève période du franc fort. Mais l'euro change la donne. Il n'est plus possible de dévaluer une monnaie que nous partageons avec nos partenaires européens. Cet immobilisme politique, cette non-adaptation à une situation nouvelle, entraîne une détérioration de la situation économique de la France. Le déficit budgétaire passe de moins 1,8 % du PIB en 1999 à moins 3,7 % en 2015, l'endettement public de 58,8 % du PIB à 96,2 %, et la balance des opérations courantes de 1,7 % du PIB à moins 1,4 %.[4] La comparaison avec l'Allemagne ne nous est guère favorable. À titre d'exemple, le 7 juin 2010, Angela Merkel annonce une réduction de la dépense publique de 80 milliards d'euros sur quatre ans. Le 13, François Fillon lui emboîte le pas en annonçant

1. Joseph Clément Juglar, médecin et économiste français, auteur de *Des crises commerciales et de leur retour périodique en France, en Angleterre et aux États-Unis* (1862).

2. Les entreprises ne votent pas.

3. Patrick Artus et Marie-Paule Virard, *Les apprentis sorciers*, Fayard 2013.

4. Prévisions de la Commission européenne. Hiver 2016.

un programme de réduction du déficit budgétaire de 7,5 % à 3 % du PIB d'ici 2013. Si les résultats sont à la hauteur des ambitions allemandes, il n'en va pas de même des aspirations françaises. La dépense publique allemande tombe de 47,2 % du PIB en 2010 à 44,3 % en 2014. La dépense publique française augmente, passant de 56,4 % à 57,9 % du PIB dans le même temps. « Les dépenses publiques ont continué leur glissade, non pour financer les investissements d'avenir… mais pour faire face aux dépenses courantes, notamment sociales… ».[1] Cette politique est désastreuse pour les entreprises françaises.

Patrick Artus et Marie-Paule Virard font le constat suivant : « Depuis 1995, la compétitivité des entreprises françaises s'est dégradée à chaque choc économique, les pouvoirs publics s'étant attachés à mettre en place une politique en faveur des consommateurs et de la demande intérieure, une réponse de court terme qui a affaibli la production. Les mesures fiscales d'incitation à la consommation ou les coups de pouce au SMIC ont globalement conduit à favoriser le partage des revenus des entreprises au profit des salariés. Cela s'est traduit par une hausse des salaires réels, qui ont augmenté en France, en particulier depuis 2000, plus vite que la productivité, d'où une forte dégradation de la rentabilité des entreprises. »[2] En 2012, la rentabilité des constructeurs automobiles français est tombée à 1 % contre 7,5 % pour les constructeurs allemands.[3] Dès lors faut-il s'étonner que la production française diminue passant de 2 880 000 véhicules particuliers en 2000 à 1 683 000 en 2012 (– 41,6%) alors que la production allemande augmente dans le même temps, passant de 5 132 000 à 5 398 000

1. *Ibid.*

2. *Ibid.*

3. *Ibid.*

(+ 5 %).[1] En trente ans, l'emploi industriel a perdu quelque deux millions de postes.[2] L'industrie agroalimentaire, l'une des mamelles de la France est aussi touchée. Elle exporte désormais moins de lait et de fromages que l'Allemagne.[3] Échappe à ce massacre, l'industrie aéronautique, fleuron industriel de l'hexagone grâce à « une demande dynamique et un marché mondialisé » tirée par l'Asie.[4] Au vu de ces résultats, faut-il s'étonner que la balance commerciale de la France à l'intérieur de la zone euro ne cesse de se dégrader, passant de moins 0,7 % du PIB au premier trimestre 1999 à moins 4,0 % au dernier trimestre 2014. Cette statistique confirme, s'il en était besoin, que la détérioration du commerce extérieur de la France n'est pas liée à l'euro, comme certains ne cessent de le clamer, mais à la perte de compétitivité de ses entreprises due à une politique aberrante.

Le diagnostic d'Elie Cohen et de Pierre-André Buigues rejoint celui de Patrick Artus et de Marie-Paule Virard. Le recul de l'économie française tient à « l'évolution des coûts salariaux unitaires qui progressent nettement plus vite en France qu'en Allemagne, notamment à cause des 35 heures, à l'organisation productive des entreprises allemandes…, au niveau de gamme de la production allemande… et à la fiscalité élevée [qui lamine] les marges bénéficiaires de l'industrie en France ».[5] La France exporte 30 % de son PIB contre 50 % pour l'Allemagne. Si elle exportait 40 %, 2,7 millions d'emplois seraient créés, éliminant du même coup le chômage. Bien évidemment, les choses ne sont pas

1. Élie Cohen et Pierre-André Buigues, *Le décrochage industriel*, Fayard, 2014.

2. Patrick Artus et Marie-Paule Virard, *op. cit.*

3. Élie Cohen et Pierre-André Buigues, *op. cit.*

4. *Ibid.*

5. *Ibid.*

aussi simples que ce calcul le laisse entendre, mais il montre le poids des exportations, donc de la compétitivité, dans la richesse nationale et la lutte contre le chômage.

Le chômage est la préoccupation majeure des Français depuis la fin des années 1980. Gouvernements de droite et de gauche ont rivalisé d'imagination et de mesures pour mettre fin à cette plaie douloureuse. En voici un extrait :

Raymond Barre :	Pacte pour l'emploi des jeunes.
Laurent Fabius :	Travail d'utilité collective. Stages d'initiatives à la vie professionnelle.
Jacques Chirac :	Allégement et exonérations de charges.
Michel Rocard :	Contrat emploi-solidarité.
Alain Juppé :	Emplois jeunes.
Lionel Jospin :	Lois Aubry I et II. Lois de modernisation sociale.
Jean-Pierre Raffarin :	Contrat jeune en entreprise. Contrat d'insertion dans la vie sociale.
François Fillon :	Contrat d'autonomie.
Jean-Marc Ayrault :	Contrat d'avenir.

En 1975, il y avait 773 000 chômeurs en France métropolitaine.[1] Ils représentaient 3,4 % de la population active. Vingt ans plus tard, leur nombre est monté à 2 649 000. Ils sont 3 051 000 à fin 2014 (10,4 %). Visiblement, le résultat n'est pas à la hauteur des attentes des Français. Qui a oublié cette phrase de François Mitterrand : « Dans la lutte contre le chômage, on a tout essayé ». Ce commentaire qui n'est pas sans rappeler le « toucher royal »,[2] émane de cette notion très française de la toute-puissance de l'État. Rationnel et équitable, l'État

1. Au sens du Bureau international du travail (BIT).

2. « Le roi te touche, Dieu te guérit ». Par ses mots, symboles de la puissance divine des rois de France, le malade est guéri des écrouelles.

assure le développement économique de la nation en lieu et place du marché. Mais, cette vision a son corollaire. Si l'économie est la responsabilité de l'État, le chômage est son échec. A-t-on tout essayé, comme le dit Mitterrand? Oui… sauf les mesures qui libèrent les énergies créatrices, accroissent la productivité, modèrent les coûts salariaux, et réduisent le coût de fonctionnement de l'État. Ce sont les seules capables d'inverser la courbe du chômage dans une économie mondialisée, hypercompétitive, et en évolution constante. Quelles sont-elles? Nous les connaissons grâce aux rapports Attali, Gallois, Enderlein-Pisani-Ferry, à ceux de la Cour des comptes, de la Commission européenne, de l'OCDE, du FMI et de nombreux instituts privés. Globalement, leurs conclusions concordent. En voici un bref résumé.

Priorité doit être donnée à la compétitivité des entreprises et, pour ce faire, à l'abaissement du coût du travail et à la réduction des dépenses publiques. Un transfert partiel ou total des cotisations sociales et patronales vers la TVA aurait pour effet de réduire le coût du travail. Les hausses de salaire ne peuvent excéder les gains de productivité, et les augmentations du SMIC doivent être modérées.[1] « Le niveau du salaire minimum tend à exclure les jeunes peu qualifiés de l'emploi », note l'OCDE dans son rapport 2013. L'instauration d'un SMIC jeunes faciliterait leur embauche. Il convient aussi de renforcer la concurrence dans les services (énergie, transport, environnement) et les professions libérales (pharmaciens, notaires, taxis, etc.) où existent des situations de rente. Peu exposés à la concurrence internationale, les services n'en constituent pas

1. Le salaire horaire minimum a augmenté de 16 % en valeur réelle de 2002 à 2012. Le salaire minimum représente les deux tiers du salaire médian. Commission européenne, 29 mai 2013.

moins un tiers des intrants de l'industrie.[1] Un abaissement du coût de leurs prestations améliorerait la compétitivité des entreprises. La Commission Attali et le rapport Gallois préconisent une simplification des procédures de licenciement, la sécurisation de la rupture amiable du contrat de travail, l'extension du très haut débit, le développement de secteurs d'avenir (numérique, santé, écologie, etc.), et la création d'un *Small Business Act*.[2] Les départements doivent être supprimés et les petites communes fusionnées.[3] [4] Ajoutons à cette liste, la refonte de l'Éducation nationale, qualifiée de mammouth par Claude Allègre, la réécriture du statut de la fonction publique, la réduction du nombre de fonctionnaires, le relèvement des seuils sociaux,[5] et le retour à la semaine de 40 heures.

Les économistes qui nous ont servis de guides dans ce chapitre, font les prescriptions suivantes :

– Patrick Artus et Marie-Paule Virard proposent l'adoption d'une politique de l'offre, à l'instar de ce qui a été fait dans plusieurs pays européens et en Amérique du Nord. Cette politique se caractérise par une moindre pression fiscale, une simplification des règles et obligations préjudiciables à l'innovation et à la croissance, une réforme

1. France : conclusions de la mission de la consultation de 2012 au titre de l'article IV. Voir aussi l'*Étude économique de la France 2013* de l'OCDE.

2. Le *Small Business Act* est une loi américaine qui facilite l'accès des marchés publics des petites et moyennes entreprises par des mesures spécifiques. L'Europe a adopté un *Small Business Act* en juin 2008.

3. Selon Agnès Verdier-Molinié, la France a 36769 communes, et 618384 élus. (*On va dans le mur*, Albin Michel, 2015). Une commune française compte en moyenne 1 800 habitants contre 5 500 habitants dans l'Union européenne.

4. «S'attaquer enfin – et vraiment – au mille-feuille territorial », Les Avernes (groupe de hauts fonctionnaires, d'économistes, de professeurs d'université et de chefs d'entreprise), *Les Échos*, 10 décembre 2015.

5. « La Cour des comptes prône une refonte des minima sociaux », *Les Échos*, 27 novembre 2015.

du marché du travail, et une plus grande concurrence dans les services.[1] (Voir l'appendice ci-dessous : Complexité de la réglementation française). Dans un récent article, Patrick Artus qui considère que la France a « un problème structurel d'offre », préconise « un contrat de travail intermédiaire entre les contrats courts (CDD) et les contrats longs très protégés (CDI), un système de formation professionnelle pour faire face aux difficultés de recrutement des entreprises, un abaissement du coût du travail non qualifié, la montée en gamme de la production française dont le niveau est assez faible et une plus forte robotisation du capital ».[2]

– Elie Cohen et Pierre-André Buigues préconisent pour leur part un choc fiscal en faveur des entreprises, une réforme radicale de l'État, plus de concurrence, une politique de l'apprentissage et de soutien aux entreprises pour parer leurs faiblesses structurelles.

Il convient de noter que les prescriptions de ces économistes d'horizons politiques différents sont proches, confirmant ainsi la nécessaire adaptation de l'économie française au monde actuel.

La tâche est immense. Dans son dernier rapport, le FMI note : « les objectifs de la politique budgétaire font face à des défis de taille ».[3] Mais, comme le note cette même institution dans un précédent rapport, la France dispose d'atouts structurels importants : situation financière des ménages et des entreprises relativement saine, taux d'épargne des ménages élevé, entreprises d'envergure mondiale, démographie positive, forte capacité de

1. Dans sa conférence de presse de novembre 2012, François Hollande évoque un « socialisme de l'offre ».

2. « Pourquoi l'économie française ne repart pas », Patrick Artus, *Les Échos*, 11 décembre 2015.

3. Mission de consultation au titre de l'article IV, mai 2014.

recherche scientifique, et une infrastructure publique de qualité. Un certain nombre de mesures ont déjà été prises ou annoncées. Citons quelques exemples : réforme des retraites, incomplète il est vrai mais néanmoins engagée, crédit d'impôt compétitivité emploi (CICE), pacte de responsabilité, programme de stabilité budgétaire prévoyant 50 milliards d'économie, simplification de la réglementation, réforme territoriale, loi Macron, réforme du dialogue social, loi Travail, dite loi El Khomri, etc.[1] Est-ce suffisant ? Non, mais ces réformes vont dans le bon sens. La tâche est non seulement immense, elle est aussi impérative. La Commission européenne a reporté à deux reprises la date à laquelle la France doit passer sous la barre des 3 % de son déficit budgétaire. Un troisième report lui a été accordé en février 2015 pour une période de deux ans. Peut-il y en avoir un quatrième ? La note de la France ne serait-elle pas dégradée,[2] et les marchés financiers ne relèveraient-ils pas leurs taux d'intérêt ? La France emprunte à des taux proches des taux allemands.[3] Patrick Artus et Marie-Paule Virard s'interrogent à juste titre sur cette « bizarrerie » car les performances de la France sont loin d'égaler celles de l'Allemagne.[4] Que se passerait-il si les taux étaient plus en harmonie avec ses performances ? Le taux d'intérêt français serait plus élevé. De combien ? Impossible de le savoir. À titre d'exemple, si le taux français

1. Notons que le gouvernement a dû avoir recours à l'article 49.3 de la Constitution pour faire voter cette loi qui en dépit de l'encre versée à son sujet ne change pas fondamentalement le paysage socio-économique français.

2. La France est notée AA avec une perspective négative. Standard & Poor's a retiré son triple A à la France en janvier 2002, Moody's en novembre de la même année, et Fitch, la troisième grande agence de notation, en juillet 2013.

3. Taux à dix ans de la France est de 1,7 % en moyenne sur l'année 2014 contre 1,2 % pour l'Allemagne.

4. Patrick Artus et Marie Paule Virard, *op. cit.*

augmentait d'un pourcent, la charge annuelle de la dette s'accroîtrait de 21 milliards d'euros sur trois ans.[1] Comment la France s'acquitterait-elle de cette somme ? Personne ne le sait. Les Français ne sont pas conscients de cette épée de Damoclès suspendue au-dessus de leurs têtes. En 2016, la charge de la dette devrait s'élever à 44,5 milliards d'euros. C'est le deuxième poste du budget, derrière l'enseignement (46,5 milliards), mais devant la défense (30,6 milliards) et la recherche et l'enseignement supérieur (25,6 milliards).[2] La France doit profiter des taux bas actuels pour réduire son déficit budgétaire. Cette réduction passe prioritairement par la baisse des dépenses, et non par la pression fiscale qui n'a cessé d'augmenter depuis dix ans.

Ces réformes nous sont imposées par la mondialisation. Certes, les textes bruxellois nous obligent – avec notre consentement – à modifier notre politique mais ils ne font qu'entériner des décisions qui s'imposent à l'Europe en raison du formidable bouleversement que le monde connaît depuis un quart de siècle. Chacun peut penser ce qu'il veut de la mondialisation, mais imaginer que nous n'y sommes pas sujets, comme des politiciens de (l'extrême) droite et de (l'extrême) gauche tentent de le faire croire est une imposture qui conduit à une impasse.

Le bilan qui a été dressé de l'industrie paraîtra bien sombre à certains. Il est vrai qu'en dépit d'une politique insensée, certaines entreprises françaises connaissent des succès mondiaux incontestables. Citons quelques noms : Michelin, Air Liquide, Dassault Systèmes, Vinci, Limagrain, Lactalis, STX (anciennement Chantiers de l'Atlantique), L'Oréal, Ubisoft, etc. et des start-up (Criteo,

1. La dette publique de la France s'établit à 2 103,2 milliards d'euros, au 3e trimestre 2015, soit 96,9 % du PIB, selon l'INSEE.

2. *Les Échos*, 24 décembre 2015.

Blablacar, Deezer). Cette liste est indicative. Au vu des noms qui y figurent, une question vient à l'esprit : pourquoi Alstom a-t-il été vendu ? Parce que l'export ne représente que 23 % de son chiffre d'affaires alors qu'il représente près de 100 % de celui de STX. La direction de STX le sait, les syndicats et les actionnaires le savent. Tous font les efforts nécessaires pour maintenir l'emploi. À l'inverse, Alstom se tourne vers l'État pour maintenir son chiffre d'affaires.[1] Contrairement à une opinion largement répandue, le salut ne vient pas tant de l'État que de l'esprit d'entreprise qui abonde en France mais qu'un « vieux fond paléo-étatiste », selon l'expression de Patrick Artus et de Marie-Paule Virard, trop souvent décourage. En revanche, l'État n'est pas là où on l'attend. Il ne tire pas pleinement profit de certains des atouts de la France dont l'un des principaux est sa position géographique. Ainsi, par exemple, en reliant les ports du Havre et de Marseille par canaux à la Ruhr, la France peut-elle drainer un puissant courant économique. La saturation du rail d'Ouessant dans la Manche confère au port normand un avantage compétitif sur Rotterdam, et le doublement du canal de Suez donne à Marseille une position de quasi-monopole en Méditerranée, une fois relié par canaux à l'Europe du Nord. C'est à l'État que revient cette initiative. Cette initiative en liant la Manche à la Méditerranée ferait du Bassin parisien un contrepoids à la Ruhr.

Ces vingt-cinq dernières années, des événements (la chute du mur de Berlin, l'écroulement de l'URSS, l'adoption par la Chine de l'économie de marché), des innovations (l'ordinateur personnel, internet, le téléphone portable), des découvertes (le séquençage du

1. Se reporter au commentaire de Montebourg dans *Les Échos* du 21 mai 2014.

génome humain) bouleversent notre monde. Face à cette évolution, une France frileuse se recroqueville sur elle-même, et s'accroche à un État omniprésent, perçu comme l'acteur central de l'économie et le garant du modèle français. Ce modèle est à bout de souffle. Sa pérennité repose sur la croissance. Mais, la croissance, c'est-à-dire la richesse produite, ne se décrète pas. Elle dépend des facteurs de production dont les plus importants sont le capital et le travail. Le capital qui n'est autre que l'épargne, a deux origines : française et étrangère. L'investissement de capitaux en France est une mesure de son attractivité. Jusqu'au milieu des années 2000, la France détenait le stock le plus élevé de capital étranger en Europe.[1] Elle est désormais derrière la Grande-Bretagne et l'Espagne, et l'écart s'est accru ces dernières années. Ce désintérêt ne surprend pas au vu de la détérioration du second facteur de production : le travail. Les Français travaillent moins et reçoivent des augmentations de salaires supérieurs aux gains de productivité. Dès lors, faut-il s'étonner de la perte de compétitivité des entreprises ? En 1998, année précédant la création de l'euro, la durée annuelle de travail en France était de 1915 heures contre 2026 heures en Allemagne, soit un écart de 111 heures. En 2013, cette durée s'élevait respectivement à 1661 et 1847, soit 186 heures travaillées en moins en France. L'écart s'est creusé de 75 heures en quinze ans. Travailler moins tout en conservant le même niveau de vie est possible si la compétitivité est plus élevée. Ce n'est pas le cas. Sur la même période, la productivité des deux nations croît au même rythme (0,7 % par an), mais les salaires augmentent plus vite en France qu'en Allemagne (2,5 % contre 1,5 % en moyenne annuelle).

1. Les journaux parlent généralement des flux et non des stocks – ces derniers sont plus représentatifs de l'attractivité d'un pays.

Il s'ensuit une perte de compétitivité des entreprises françaises.[1]

Libres aux Français de refuser les réformes énoncées dans les rapports français et étrangers. Encore faut-il qu'ils connaissent le prix de leur refus. Il se mesure en pouvoir d'achat. Le PIB par habitant de la France en 2000 était supérieur à celui de l'Allemagne. Il s'élevait à 29 100 euros par an contre 28 700 euros pour nos voisins d'outre-Rhin. En 2014, Le classement s'est inversé. Le PIB par habitant de l'Allemagne s'élève à 33 100 euros contre 31 100 euros pour la France, soit 2 000 euros de moins par an et par habitant pour les Français.[2] Si cette tendance se poursuit, ils ne tarderont pas à en sentir les effets. Les budgets alimentation, logement, habillement, vacances, etc. se contracteront, à l'inverse de ce qui se produisit pendant les Trente Glorieuses quand ils ne cessaient de croître d'année en année. Les Français sont-ils conscients des enjeux ? Ce n'est pas certain. S'ils ne le sont pas, le réveil sera douloureux. On l'aura compris, il faut sortir de l'immobilisme qui détruit l'économie française. Le salut n'est pas dans le repli sur soi ou dans des mesures prises à la marge mais dans un plan d'ensemble qui redonne à l'économie française son dynamisme, avec des objectifs, une stratégie, des moyens, un calendrier, en résumé un plan auquel les Français adhèrent. La France doit se réinventer. Le chemin sera long et difficile. Patrick Artus et Marie-Paule Virard estiment à trois ou cinq ans le temps qu'il faudra pour que la politique qu'ils préconisent porte ses fruits.[3] Cette estimation est peut-être optimiste pour trois raisons. *Primo*, à mesure que la France regagnera en compétitivité, l'Allemagne continuera

1. Perspectives économiques. OCDE.

2. Source : Eurostat.

3. Patrick Artus et Marie-Paule Virard, *op. cit.*

d'améliorer la sienne. *Secundo*, la stratégie à l'exportation que nous préconisons est confrontée au ralentissement de l'économie mondiale ce qui a pour effet d'exacerber une concurrence internationale déjà rude. *Tertio*, il y a sur le marché du travail français une inadéquation entre offre et demande. Les qualifications recherchées par les entreprises en raison de l'évolution des technologies ne correspondent pas aux compétences des salariés. Le retour à la croissance sera un long chemin semé d'embûches.

Terminons ce panorama économique par un rapide examen de son incidence sur la politique extérieure. La France est une nation schizophrène. Elle s'enorgueillit de son influence dans le monde, de son siège permanent au Conseil de sécurité de l'ONU et de sons espace maritime, mais elle sacrifie la Défense aux dépenses courantes de l'État.[1] Elle ne peut être un acteur crédible sur la scène mondiale que si elle y consacre les ressources nécessaires. Or, celles-ci ne peuvent venir que d'une économie florissante.

ALLEMAGNE : PRIORITÉ À L'EXPORT

Ayant construit l'euro à sa main, l'Allemagne n'a pas eu à modifier sa politique.[2] Elle est la première bénéficiaire de la monnaie unique. Ses exportations à l'intérieur de la zone euro ont été multipliées par 1,8 depuis 1999, et son chômage est l'un des plus faibles (4,6 %). Néanmoins, son modèle économique a aussi ses faiblesses.

L'Allemagne est la nation la plus performante au monde à l'exportation, tant en valeurs absolues que relatives. En 2014, l'excédent de ses transactions courantes avec l'étranger s'élève à 286 milliards de dollars contre 220 milliards pour

1. « La dernière bataille de France », général Vincent Desportes.

2. Les lois Hartz avaient pour objet de compenser la perte de compétitivité liée à la réunification.

la Chine, soit 7,4 contre 2,1 en pourcentage du PIB.[1] Cette performance n'est pas le fruit du hasard mais le résultat d'une politique qui remonte à la seconde moitié du XIXe siècle. L'Allemagne connaît alors une croissance démographique très forte.[2] Deux solutions s'offrent à elle : accroître la production pour retenir la population ou encourager l'émigration. C'est la première qui est retenue – l'exportation sera l'exutoire de l'accroissement démographique.[3] Peu à peu, les produits allemands font leur apparition sur le marché britannique où ils font concurrence à la première puissance industrielle. Pour contrer cette intrusion, le Parlement vote le *Merchandise Marks Act* en 1887. Cette loi impose de mettre la mention *made in England* sur les produits fabriqués en Grande-Bretagne afin de les protéger de la concurrence étrangère en faisant connaître leur provenance aux consommateurs britanniques. Les fabricants allemands réagissent par la mention « made in Germany » et par l'excellence de leurs produits. A la fin du XIXe siècle, l'Allemagne est devenue la première puissance industrielle en Europe.

Le régime nazi aura aussi recours à l'exportation pour financer le réarmement allemand. Hjalmar Schacht, ministre des Finances et gouverneur de la Reichsbank, initie une politique exportatrice vers les nations d'Amérique du Sud afin de les rendre dépendantes des machines allemandes en échange de matières premières et de denrées dont l'Allemagne a besoin pour son effort de guerre.[4] Après la

1. Perspectives de l'économie mondiale, octobre 2015.

2. Sa population atteint 56 millions en 1900 contre 46 millions pour la Grande-Bretagne et 40 millions pour la France.

3. C'est pour des raisons militaires que cette solution fut choisie. C'est pour cette même raison que Bismarck ordonna la distribution de lait dans les écoles. Le jeune Empire allemand avait besoin d'une population nombreuse et saine.

4. Cette politique est connue sous le nom de « *schachtianism* » (Harold James, *The*

Seconde Guerre mondiale, c'est aussi grâce à l'exportation que l'Allemagne se relève. Le « miracle allemand » trouve son origine dans une pensée économique originale connue sous le nom d'ordolibéralisme[1] ou École de Fribourg. Il s'agit pour ses promoteurs de créer une organisation cohérente de l'économie visant à satisfaire l'ensemble des classes sociales – une troisième voie avant l'heure en quelque sorte. L'ordolibéralisme s'appuie sur la libre entreprise, l'équilibre budgétaire, et la stabilité des prix.[2] Il prône une politique de solidarité ciblée encourageant les individus à se prendre en charge pour ne pas handicaper la création de richesse par des coûts sociaux élevés. Ludwig Erhard, formé à l'École de Fribourg, ministre de l'Économie puis chancelier, mit en pratique cette pensée avec le succès que l'on sait. L'exportation est une constante de la politique allemande.

Le premier souci d'une nation exportatrice est d'être compétitif. Sur la base 100 au premier trimestre 1999, le coût unitaire de la main-d'œuvre en 2014 est de 86 pour l'Allemagne, 100,4 pour la France et 108,6 pour l'Italie. Ce seul critère ne suffit pas. Le succès de l'Allemagne tient aussi à une politique de produits haut de gamme.[3] La qualité de ses produits rend sa production insensible aux

End of Globalization).

1. Du latin *ordo* signifiant « rang » ou ordre, l'ordolibéralisme est bien dans le caractère de nos voisins allemands, très éloigné de l'irrésolution française chahutée en permanence entre une vision libérale et une pensée marxiste.

2. L'ordolibéralisme se distingue du néolibéralisme en cela qu'il préserve l'outil industriel au travers d'un compromis capital-travailleurs (salariés) basé sur des produits de haute qualité (productivité) à forte valeur ajoutée justifiant des salaires élevés et une rémunération satisfaisante du capital.

3. Le succès italien s'explique par une politique bas de gamme à prix compétitifs. La France se situe entre l'Allemagne et l'Italie, dans un *no man's land* économique. L'industrie automobile fournit une excellente illustration de la position relative de ces trois nations.

aléas de l'euro.[1] Ce même euro la protège des dévaluations compétitives des années 70 et 80 qui faisaient du tort à son industrie exportatrice. De plus, sa valeur est plus faible que ne le serait celle du deutsche mark en raison de la présence des pays de la périphérie. Forte de ses succès en Europe, l'Allemagne se tourne de plus en plus vers l'Est. Ses exportations hors zone euro ont crû de 24,8 milliards d'euros en 1994 à 163,8 milliards en 2014. Cette politique révèle une double volonté: profiter de l'expansion des marchés émergents et réduire sa dépendance à l'égard du marché européen.

L'accord Gazprom consacre un rapprochement germano-russe, actuellement entravé par le conflit ukrainien. Il réactive une relation industrielle et commerciale vielle de plusieurs siècles. Si Tolstoï émaillait ses livres de mots français, c'est l'Allemagne qui industrialisa la Russie au XIXe siècle. Suspendue lors de la Guerre 14-18, ravivée par les généraux allemands dans les années 20 pour contourner le traité de Versailles, cette collaboration connut une consécration, si l'on ose dire, avec la signature du pacte germano-soviétique d'août 1939. Cette avancée vers l'Est ne se limite pas à la Russie. Il s'étend jusqu'à la Chine, première partenaire commerciale de l'Allemagne devant la France!

L'Allemagne est la première puissance économique européenne et la quatrième dans le monde. Pour autant, ce succès n'est pas sans défaut. Tout comme la France, l'Allemagne a ses faiblesses. Plus éloignées dans le temps, elles sont moins prégnantes. La plus importante est sans doute son déficit démographique. Sa population qui s'élève à 82 millions d'habitants devrait tomber à 73 millions en 2050, chiffre égale à celui de la France cette année-là.

1. Alors que les Français poussent des cris d'orfraie lorsque la valeur de l'euro atteint des sommets en 2008 et 2009, les Allemands y sont insensibles.

Conséquence de ce déficit : une immigration importante, en provenance de la Turquie notamment, qui provoque une réaction de rejet.[1] Sa politique volontariste à l'exportation la rend vulnérable aux aléas de la conjoncture européenne et mondiale. La récession de 2009 a fortement secoué son économie : – 5,1 % de baisse de son PIB contre – 3,1 % pour la France. Sa reprise a été plus rapide : + 4,0 % en 2010 contre seulement 1,7 % pour notre pays. Autre faiblesse potentielle : l'accumulation de créances importantes sur ses voisins de la zone euro. En janvier 2015, elles s'élèvent à 515 milliards, soit 22 % de son PIB.[2] Les principales nations débitrices sont l'Italie, l'Espagne, le Portugal et la Grèce. Compte tenu de la situation économique de ces pays, la possibilité d'une perte potentielle sur ces créances ne peut être écartée. Plus fondamentalement, sa politique à l'exportation est mercantile et s'assimile à une politique de « paupérisation du voisin »[3] – politique qui vise à aller chercher à l'étranger par l'exportation la croissance que l'économie nationale ne peut générer. Cette politique qui fut pratiquée par la plupart des pays dans les années 30, est reconnue comme l'une des causes indirecte de la Seconde Guerre mondiale. Elle est déflationniste par nature en

1. Il y a 4 millions de Turcs en Allemagne, soit 5 % de la population. L'importante présence étrangère commence à créer des réactions de rejet, à preuve le livre de Thilo Sarrazin intitulé *L'Allemagne court à sa perte*. Il a causé une vive émotion et obligé son auteur a démissionné de ses fonctions de membre du directoire de la Bundesbank. Dans ce contexte, la décision d'Angela Merkel d'accueillir 1 million de réfugiés syriens, humainement compréhensible, a provoqué quelques remous en Allemagne, en particulier au CSU, le parti chrétien-démocrate bavarois.

2. Ce montant représente le solde de la balance commerciale allemande non financé sur le marché des capitaux. Le système de transfert express automatisé transeuropéen à règlement brut en temps réel, plus connu sous son acronyme Target2 a pour but de faciliter les transactions intra-euro.

3. En anglais : *beggar-thy-neighbor policy*.

réduisant l'emploi dans les pays qui en sont les victimes.[1] Il est donc ridicule de parler du moteur économique allemand, comme le font certains. L'économie allemande n'est pas un moteur mais un frein à l'économie européenne. Le seul moteur qui soit, est l'économie américaine en raison de l'énorme déficit de sa balance commerciale.

Compte tenu de la nocivité de la politique mercantile et du ralentissement de l'économie mondiale suite à la crise des subprimes, le G-20 de Cannes de novembre 2011 demanda à l'Allemagne de stimuler sa demande intérieure pour réduire son excédent commercial s'élevant alors à 6,2 % de son produit intérieur brut. L'Allemagne est restée sourde à cette requête. Son excédent est monté à 7,2 % en 2012. Après être descendu à 6,9 % en 2013, il s'élève à 7,7 % en 2014. En octobre 2013, le Trésor américain a accusé l'Allemagne d'entraver la croissance mondiale par sa dépendance excessive à l'exportation avec pour résultat un effet déflationniste sur l'économie européenne et mondiale.[2] Le rapport rappela à l'Allemagne l'engagement pris lors du G-20 de Cannes.[3] Compte tenu du poids de l'économie allemande, cette politique à l'exportation a pour effet de rendre la zone euro structurellement excédentaire, et de pousser la valeur de l'euro à la hausse, désavantageant les États membres les moins productifs.[4]

La performance allemande à l'exportation repose

1. Le franc Poincaré de 1928 avait pour objet principal de relancer l'économie française par l'exportation.

2. « *Report to Congress on International Economic and Exchange Rate Policies* », US Treasury. October 2013.

3. Un an plus tôt à Aquila, les dirigeants du G-8 avaient convenu que les déséquilibres extérieurs étaient l'une des causes fondamentales de la crise de 2007-2008.

4. Sa valeur n'en demeure pas moins inférieure à celle du deutsche mark, s'il existait toujours.

sur un marché du travail dual créé par les lois Hartz. Contrairement à une opinion largement répandue, ces lois n'ont pas altéré le modèle industriel allemand. Le personnel a fait preuve de modération salariale mais n'a rien perdu de ses droits. En revanche, s'est créé en marge de ce modèle, un second marché du travail fait d'emplois à mi-temps peu rémunérés.[1] Par ailleurs, la croissance allemande a eu pour effet d'aspirer une main-d'œuvre qualifiée en provenance d'Europe du Sud dont l'absence se fera sentir quand la croissance sera de retour dans ces pays. Henrik Enderlein, professeur d'économie à la *Hertie School of Governance* de Berlin, émet un jugement sévère sur le modèle allemand qu'il considère à bout de souffle.[2]

Si à terme, l'horizon risque de s'assombrir, pour l'heure l'Allemagne demeure la première puissance économique en Europe et, tout naturellement, entend profiter de ce statut pour accroître son audience dans le monde. Elle a exprimé le souhait de devenir membre du Conseil de sécurité de l'ONU à plusieurs reprises. Sans l'être *de jure*, elle l'est de fait. Elle est membre du P5 +1 – groupe composé des cinq membres du Conseil plus l'Allemagne qui avait pour vocation de trouver une solution diplomatique à la question iranienne. Elle est au cœur des négociations dans le conflit ukrainien et joue un rôle dans la crise syrienne.[3] Elle est le troisième fournisseur mondial d'armements mais se garde d'intervenir militairement. C'est ce que le magazine *Der Spiegel* appelle la « doctrine Merkel » qui se résume ainsi :

1. « *Reforming German Labor Market Institutions: a Dual Path to Flexibility* », Werner Eichhorst & Paul Marx.

2. *Les Échos*, septembre 2010. Henrik Enderlein est l'auteur d'un rapport sur les réformes, l'investissement et la croissance en France et en Allemagne avec Jean Pisany-Ferry.

3. En 2012, Guido Westerwelle, alors ministre des Affaires étrangères, tente sans succès une médiation entre Israël et les Palestiniens.

vendez des armes mais n'intervenez pas.[1] N'intervenant pas sur les théâtres d'opérations extérieurs, l'Allemagne se satisfait d'un budget de la Défense *a minima*, égale à 1,3 % du PIB contre 2 % pour la France. Ce modeste montant constitue aussi un avantage dans la compétition mondiale par son faible poids dans le budget national.

CONCLUSION

Les politiques économiques de la France et de l'Allemagne sont aux antipodes l'une de l'autre avec le résultat que l'on sait en termes de budget, de commerce extérieur et d'emploi. Au vu de ce constat, des questions se posent. La monnaie unique ne repose-t-elle pas sur un malentendu ? Le compromis entre « économistes » et « monétaristes » n'est-il pas un leurre ? S'agit-il de rapprocher les politiques économiques de l'Allemagne et de la France ce que le terme converger implique, ou d'imposer la politique allemande à la zone euro ? La lecture des statuts de la BCE et du pacte de stabilité et de croissance laisse peu doute à ce sujet : la politique économique européenne est allemande. En maintenant sa politique inchangée, la France non seulement condamne son industrie mais aussi l'euro en raison des écarts qui se creusent entre elle et son voisin d'Outre-Rhin. Mais, si l'impéritie française est coupable, la détermination allemande l'est aussi. L'économie de la zone euro ne peut marcher au pas cadencé allemand. « La politique de correction rapide et simultanée des déficits publics dans la zone euro débouche sur une impasse. »[2] Les adversaires de la monnaie unique se servent de cet argument pour prôner une sortie de l'euro. Ses partisans l'utilisent pour souligner la nécessaire transformation que la

1. « *German Weapons for the World* », *Der Spiegel International*, 3 décembre 2012.

2. Patrick Artus et Marie-Paule Virard, *op. cit.*

France doit entreprendre pour s'adapter au monde actuel. C'est une mauvaise querelle. L'Europe n'est ni allemande ni française. Elle ne peut être qu'européenne. La France et l'Allemagne doivent faire un pas l'un vers l'autre. La France doit renoncer à un État omniprésent qui brime plus qu'il n'encourage l'initiative privée. L'Allemagne doit cesser d'agiter sa peur de l'inflation pour imposer une politique servant ses intérêts.[1] Si elle veut être la bonne élève qu'elle prétend être, il lui faut satisfaire au critère du pacte pour l'euro qui exige que sa balance des transactions courantes n'excède pas 6 % du PIB.[2] Or, ce n'est pas le cas, comme nous l'avons vu. La France a beau jeu de se servir de cette infraction pour obtenir un énième report de son objectif budgétaire auprès de la Commission.

Renvoyer les protagonistes dos à dos est une conclusion iconoclaste. La plupart des analystes préfèrent blâmer l'une ou l'autre des deux parties, à l'image de Michel Aglietta pour qui le mal vient principalement des Allemands ou de Christian Saint-Étienne pour qui il est plutôt du côté des Français.[3] Notre conclusion n'exempte pas la France des réformes structurelles évoquées plus haut. Elle doit les poursuivre vigoureusement. Les commentaires que l'on entend ici et là sur un timide retour de la croissance sont des sirènes auxquelles il faut résister. Leur objet réel est de nier la nécessité de procéder à des réformes structurelles. Nous sommes dans un cycle de Juglar, disent en substance ces « experts ». La croissance revient. Point n'est besoin

1. Comme le note très justement Paul Krugman, ce n'est pas l'hyperinflation de 1923 qui conduit Hitler au pouvoir mais la politique déflationniste du chancelier Heinrich Brüning de mai 1930. *New York Times*, 12 février 2013.

2. Rappelons que ce chiffre devrait être égal à la limite imposée aux pays déficitaires, c'est-à-dire 4 %.

3. Michel Aglieta : *Zone euro, éclatement ou fédération*, Michalon, 2012 ; Christian Saint-Étienne, *La fin de l'euro*, François Bourin éditeur, 2012.

de changer quoi que ce soit à notre modèle. C'est ignorer que l'économie mondiale est entrée dans une nouvelle phase après la crise des subprimes que certains économistes qualifient de « stagnation séculaire ». Le voilier France qui navigue au près depuis quelque temps, connaît, il est vrai, un changement d'allure. Le vent tourne. Sa grand-voile faseye. Il pourrait se retrouver vent arrière pour le plus bonheur de son capitaine. Mais cette brise est insuffisante pour contrer de forts courants contraires.[1] Il faut souquer ferme pour franchir la barre qui le tient enfermé dans le golfe où il s'est réfugié à tort. Le déficit commercial de la France ne peut persister. À terme, il met en péril l'existence même de l'euro, tout comme l'excédent allemand. L'Allemagne doit encourager la consommation afin de modérer son excédent et la France réduire la sienne pour réduire son déficit extérieur. Dans le même temps, l'européanisation de la monnaie unique ou si l'on préfère l'abandon d'un euro allemand, initiée par Mario Draghi au plan monétaire, doit être poursuivie au plan fiscal.

L'Union monétaire est plus qu'un projet économique puisque son but ultime, non déclaré mais néanmoins réel, est l'établissement d'un État fédéral. Si elle est porteuse de paix, elle est aussi le terrain d'un nouvel affrontement franco-allemand, l'enjeu d'une lutte de pouvoir.[2] Qui contrôle la zone euro contrôle l'Union européenne.[3] Les

1. Notons que cette « bise » tient à la baisse du pétrole, des taux d'intérêt et de la parité de l'euro – des facteurs étrangers à l'action de l'État. De même, s'il y a lieu de se réjouir de la vente des Rafale, il faut conserver présent à l'esprit que ces contrats sont le résultat de négociations s'échelonnant sur des années.

2. De nombreux projets industriels européens ont échoué sur les récifs du nationalisme. L'un des derniers en date est le projet de fusion avorté d'Airbus et de BAE Systems en raison de l'opposition d'Angela Merkel.

3. Les récentes révélations sur les écoutes allemandes faites en France pour le compte de la NSA laissent peu d'illusion sur la nature réelle des relations franco-allemandes.

Américains ne s'y trompent pas. Ils voient en la chancelière allemande une présidente européenne de fait. C'est elle que Barack Obama appelle de préférence au président français. Cette observation s'accommode mal d'expressions lénifiantes du genre: « plus d'Europe » dont les contours sont flous. Quelle Europe, en effet? Le général de Gaulle l'avait compris lorsqu'il s'exclamait: « Bien entendu, on peut sauter sur sa chaise comme un cabri en disant l'Europe!, l'Europe!, l'Europe!, mais cela n'aboutit à rien et cela ne signifie rien. »[1] « La politique n'est rien d'autre que l'art des réalités », ajoutait-il. La réalité est que l'Allemagne a mis l'euro à profit avec beaucoup d'adresse alors que la France y a sacrifié une partie de son industrie avec désinvolture. Il y a lieu de saluer l'habileté allemande et de condamner la légèreté française. Pour autant cela ne signifie pas que les choses doivent en rester là. Poursuivre dans cette voie, c'est subordonner la France à l'Allemagne ou abandonner l'idée d'une Europe stable et pérenne. Cette alternative n'étant pas acceptable, l'Allemagne doit accepter un euro européen et la France adapter sa gouvernance économique au monde actuel. Dans ce duel à fleurets mouchetés que se livrent les deux puissances continentales, il ne peut y avoir de vainqueur ou de vaincu, ou alors les « mouches » disparaîtront et l'Europe avec elles.

APPENDICE : COMPLEXITÉ DE LA RÉGLEMENTATION FRANÇAISE

La législation française et son complément, la réglementation, ont atteint un tel degré de complexité qu'il devient souvent difficile pour l'administré de s'y retrouver. Un rapport de l'OCDE note qu'une simplification de la

1. Deuxième entretien radiodiffusé et télévisé avec M. Michel Droit, 14 décembre 1965.

réglementation serait bénéfique pour les entreprises et les citoyens.[1] Si cette complexité s'explique pour partie par la sophistication croissante de notre société, elle dénote aussi une pensée pointilleuse et mesquine. Si la France vivait toujours en économie fermée, comme ce fut le cas jusqu'au milieu des années cinquante, cette complexité importerait moins. Mais, aujourd'hui son économie est ouverte à tous les vents et doit donc s'adapter en permanence. Or, loin de lui faciliter la tâche les gouvernements de droite et de gauche s'évertuent à la lui compliquer par une législation de plus en plus contraignante et absconse. Prenons un exemple. Certains articles de la loi Aubry II sont incompréhensibles au citoyen moyen, fut-il salarié ou patron. Ainsi, l'article L. 212-6 se réfère-t-il à deux articles : L. 212-8 et 212-5-1 du Code du travail. Par le jeu des renvois, ces deux articles se réfèrent à l'article initial : L. 212-6 ! Voici le cheminement. Le premier de ces deux articles renvoie aux articles L. 222-1, L.212-1, L. 212-7, L. 212-5, L. 212-5-1, et L. 212-6. Le second se réfère aux articles L. 212-5, L. 212-6, L 221-12, et L 212-6. Dans les deux cas, on revient à la case de départ ! Le Code du travail qui a triplé de volume ces vingt dernières années, contient 3 000 pages – sans doute un record mondial.

Il serait facile de multiplier les exemples de ce genre. Cette rédaction lourde et maladroite révèle une pauvreté d'esprit dénuée du plus élémentaire esprit de synthèse nécessaire à une rédaction intelligible de textes qui par ailleurs sont arides par nature. Cette législation tatillonne et envahissante décourage l'initiative, freine la croissance et appauvrit la France.

---

1. « France : vers des orientations stratégiques plus claires », OCDE, 2004.

VII. Un monde incertain et complexe

Trop souvent, l'euro est analysé en circuit fermé, sans attention portée à son environnement. Or, il évolue dans une économie mondialisée dont il est l'un des principaux rouages. D'où une dépendance réciproque : son sort et celui de l'économie mondiale sont intimement liés. Que l'euro disparaisse brutalement et une crise mondiale s'en suivra. Inversement, une crise mondiale majeure signifierait probablement la fin de l'euro. Par ailleurs, des liens anciens – historiques, politiques et économiques – lient les deux côtés de l'Atlantique. Cette relation évolue avec le temps. L'Europe souhaite s'émanciper de sa dépendance vis-à-vis des États-Unis alors que ceux-ci entendent réaffirmer leur prééminence dans un monde incertain et complexe. Des événements récents ont tendu les relations entre les deux partenaires sans remettre en cause leur alliance. Avant de conclure, jetons un rapide regard sur l'économie mondiale et la relation transatlantique.

L'ÉCONOMIE MONDIALE

L'économie mondiale comprend trois grandes régions : l'Amérique du Nord, l'Asie et l'Union européenne, représentant respectivement 25,8 %, 23,9 % et 21,3 % du PIB mondial. Unies par des liens commerciaux et financiers étroits, elles sont vulnérables en raison de leur interdépendance.

L'économie mondiale ressent toujours les effets de la crise des subprimes. Les ayant sous-évalués, les instances internationales revoient constamment leurs prévisions à la baisse. Le FMI annonçait une croissance mondiale 2015 de 3,9 % en avril 2014. Elle l'abaissa à 3,8 % en octobre 2014, puis à 3,5 % en avril 2015, à 3,3 % en juillet et à 3,1 % en octobre. L'OCDE a également abaissé sa prévision en septembre pour la ramener de 3,1 % à 3,0 %, et à nouveau en novembre pour l'abaisser à 2,9 %. Les dirigeants de grandes entreprises partagent ce pessimisme.[1] Christine Lagarde, directrice générale du FMI, parle de « croissance médiocre ».[2] L'économie mondiale est dans les mâchoires de deux étaux : taux de croissance et d'inflation bas, et taux d'endettement et de chômage élevés. Les raisons invoquées pour expliquer cette situation inédite sont un endettement excessif, une productivité en baisse et une population vieillissante. Les solutions le plus souvent proposées sont les réformes structurelles, l'investissement en infrastructure et l'accroissement du commerce mondial. À Brisbane, en septembre 2014, les ministres des Finances du G-20 ont présenté 900 plans pour doper la croissance mondiale de 2 % d'ici 2018, soit 2000 milliards de dollars. Cette initiative n'a pas été suivie d'effets. Dans ces conditions, il faut s'attendre à un accroissement de la volatilité sur le marché des changes, chaque pays cherchant à l'étranger la croissance qu'il ne trouve pas sur le marché national. Au

1. « *Economic Conditions Snapshot* », septembre 2015, McKinsey.

2. Dans un livre blanc, plusieurs économistes attribuent cette « croissance médiocre » à une défaillance du marché et à une incapacité des gouvernements à la résoudre. Ils proposent de dynamiser la demande globale par des investissements en infrastructure, d'utiliser des institutions internationales telles que la Banque mondiale et la Banque asiatique d'infrastructure et d'investissement pour les financer, et de soutenir l'éducation, la formation, la santé, etc. pour contrebalancer les effets inégalitaires de la révolution technologique. « *Restarting the Global Economy* », Michael Spence, Danny Leipziger, James Manyika et Ravi Kanbur. May 2015.

premier semestre 2015, le réal brésilien a perdu 23,4 % de sa valeur vis-à-vis du dollar, le dollar canadien 11,2 % et la roupie indonésienne 10 %. La décision de la Chine d'abaisser le cours pivot du yuan en août a créé une onde de choc sur les marchés financiers disproportionnée par rapport à la variation annoncée (–2%). La décision de la Réserve Fédérale de relever son taux directeur de 25 points de base (0,25 %) a de nouveau secoué les marchés bien que cette décision fût attendue. Le calme semble revenu mais la nervosité demeure.

Cette nervosité est de mauvais augure pour la zone euro qui a besoin de stabilité et de croissance dans la phase difficile qu'elle traverse. Cette croissance peut venir de l'État, de la consommation des ménages, de l'investissement ou de l'exportation. Les États membres sont trop endettés pour entreprendre une relance économique par le déficit budgétaire. La dette publique qui était égale à 65 % et 60 % pour l'Allemagne et la France en 2007, s'élève désormais à 75 % et 95 %. Dans le même temps, la dette privée (entreprises et ménages) a aussi augmenté. Le ratio de la dette (publique et privée) au PIB est de 188 % pour l'Allemagne et de 280 % pour la France. Un accroissement de ce ratio est exclu. Les ménages ne sont guère disposés à accroître leur consommation et en l'absence de croissance, les entreprises n'investiront pas. Une relance de l'investissement en infrastructure, en R&D et en formation, financée par des euro-obligations est concevable et serait bénéfique mais l'Allemagne y est opposée. Reste l'exportation. Cette source de croissance dépend de l'économie mondiale. Or, comme nous venons de le voir, celle-ci est mal en point, à l'exception des États-Unis, encore faut-il être circonspect à ce sujet. La situation économique de la zone euro dans les mois à venir est donc précaire.

LA RELATION TRANSATLANTIQUE

À la fin de la Second Guerre mondiale, l'Europe est en grande partie détruite. Elle n'en reste pas moins une pièce importante sur l'échiquier mondial.[1] Face à l'expansion soviétique, prospérité économique et stabilité politique sont les meilleurs moyens de la conserver dans le camp occidental. C'est l'objet du « Programme de rétablissement européen » de 1947, plus connu sous le nom de plan Marshall. L'Organisation du traité de l'Atlantique Nord (OTAN) crée un lien infrangible entre l'Europe de l'Ouest et les États-Unis – un lien de subordination. Dans la lutte qui l'oppose à l'URSS, Washington entend avoir la main sur cette pièce maîtresse qu'est l'Europe. Les dirigeants européens, conscients de ne pouvoir faire front à la menace soviétique par eux-mêmes, s'accommodent volontiers de cet arrangement. Aussi, est-ce avec la fraternelle bienveillance des États-Unis qu'est signé le traité de Rome, le 25 mars 1957. La marche vers l'Union européenne débute ce jour-là. En dépit de bonnes relations, disputes et chamailleries émaillent l'histoire des deux partenaires. Les désaccords se multiplient avec le temps. Limités aux fluctuations du dollar à l'origine, ils se sont peu à peu étendus au domaine politique. Le conflit ukrainien contrarie une politique économique allemande orientée à l'Est. Avec le « couple franco-allemand », la relation transatlantique est la plus importante pour l'avenir de l'euro. Quelle relation les deux partenaires entretiennent-ils ? Les États-Unis ont une vision hégémonique du monde. L'Europe leur est soumise. Leurs monnaies respectives sont aussi un enjeu dans leurs relations complexes.

1. Les États-Unis ont soutenu la création de l'Europe au travers de l'*American Committee for a United Europe*, entité contrôlée par l'*Office of Strategic Services*, précurseur de la CIA. « *Euro-Federalists financed by US Spy Chiefs* », Ambrose Evans-Pritchard, *The Telegraph*, 19 septembre 2000.

Les États-Unis

En 1968, Jean-Jacques Servan-Schreiber publie *Le défi américain* – un livre dans lequel il révèle la puissance économique des États-Unis et son avancée technologique dans des secteurs de pointe comme l'informatique où ils jouissent d'un quasi-monopole. Face à ce défi, la France apparaît repliée sur elle-même, enfermée dans ses certitudes et ses traditions. La même année, Claude Julien, journaliste au Monde, publie *L'Empire américain*. Ce titre surprit plus d'un Français habitué à considérer les États-Unis comme un pays ami, venu à deux reprises porter secours à la France. Peu le voyait comme un empire. Aujourd'hui, personne ne le conteste. L'effondrement de l'Union soviétique en a fait la première puissance au monde, et renforcé sa vision du monde. Les néoconservateurs ont ouvertement adopté une politique hégémonique, décidés à ne tolérer l'émergence d'aucun nouveau rival. Cette doctrine que l'on attribue à Paul Wolfowitz, secrétaire adjoint à la Défense sous George W. Bush, est à l'origine de la politique américaine au Moyen-Orient qui se solde par un échec. Elle est progressivement abandonnée par Barack Obama en faveur d'une politique en apparence plus modérée où la diplomatie joue son rôle traditionnel. Le président américain rouvre l'ambassade américaine en Birmanie, fermée depuis 22 ans, initie des négociations avec l'Iran, et renoue des relations diplomatiques avec Cuba après une brouille de 54 ans. Pour autant, ces gestes de bonne volonté ne peuvent faire illusion sur l'objectif final. Barack Obama l'a clairement rappelé dans le *National Security Strategy* de 2015 : « La question n'est pas de savoir si l'Amérique doit ou non diriger [le monde], mais de savoir comment elle doit le diriger ».

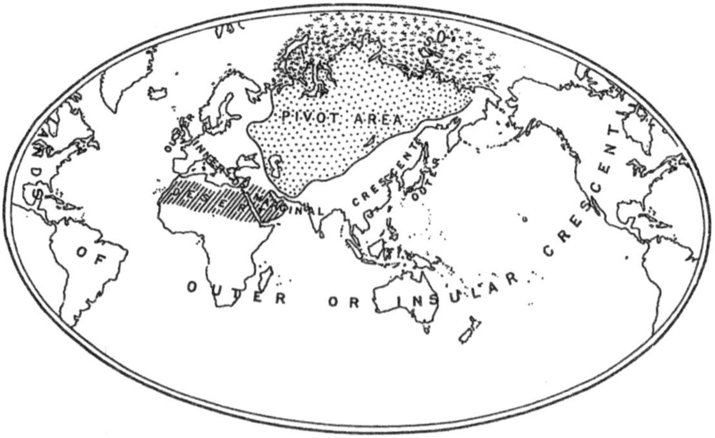

Schéma 1. L'île-monde.

Sa vision du monde s'appuie sur l'analyse du géographe anglais, Harold Mackinder qui en 1909 déclara : « Qui contrôle le cœur de l'Eurasie (« l'ère pivot »), domine l'Eurasie. Qui domine l'Eurasie domine l'île-monde ». L'île-monde, c'est cette masse s'étirant du Rhin à Vladivostok (Schéma 1), et l'ère pivot est « … le cœur qui comprenait l'Empire germanique, l'Autriche-Hongrie et l'Empire tsariste… un vaste réservoir humain qui demeurait au-delà du contrôle des puissances de la mer et constituait donc potentiellement une menace mortelle pour les démocraties occidentales ». Par « puissances de la mer » et « démocraties occidentales », il faut entendre la Grande-Bretagne et les États-Unis. Mackinder s'opposait à Sir Walter Raleigh qui trois cents ans plus tôt avait déclaré : « Qui contrôle les mers, contrôle le commerce. Qui contrôle le commerce contrôle les richesses du monde et conséquemment le monde lui-même », précepte qui avait fait la richesse de l'Angleterre. Pour Raleigh, la rapidité des voyages par mer conférait aux nations maritimes un avantage décisif sur les nations continentales. Harold Mackinder argua que le train étant plus rapide que le bateau, l'avantage était désormais aux nations continentales et, si d'aventure l'une d'elle contrôlait le cœur de l'Europe, il lui serait facile de dominer l'Eurasie, et par conséquent le monde. Le transsibérien fut achevé en 1916.

Située sur la partie orientale de l'île-monde, la Chine applique la vision de Mackinder. En 2013, elle a inauguré une liaison ferroviaire de 11 179 kilomètres qui relie Chongqing à Duisbourg en Allemagne en 20 jours contre 35 en bateau. En 2014, CNPC, société pétrolière chinoise, a signé un accord avec Gazprom pour la fourniture de 38 milliards de mètres cubes de gaz naturel. En 2015, le président Xi Jinping a signé un accord avec le Pakistan pour la construction d'un « corridor économique » reliant par route, rail et oléoduc Kashgar dans la province de Xinjiang au port de Gwadar au Pakistan. La Chine a déjà dépensé 200 millions de dollars pour la rénovation de ce port. Pour contenir cette velléité de la Chine de dominer l'île-monde en s'ouvrant sur l'Europe et le Moyen-Orient, les États-Unis qui la considèrent comme leur rival potentiel, veulent l'isoler commercialement, au travers de deux accords : le Trans-Pacific Partnership (TPP) et le Transatlantic Trade & Investment Partnership (TTIP). Accessoirement, ces accords dont le contenu a été tenu secret, permettront aux États-Unis d'imposer les normes américaines à leurs partenaires asiatiques et européens, renforçant ainsi leur puissance économique. Parallèlement, les forces américaines pivotent progressivement de l'Europe et du Moyen-Orient vers l'Asie et le Pacifique. Dans ce schéma, l'Europe fait partie intégrante de l'Empire américain. Elle ne peut s'en dégager.[1]

1. « *Grandmaster of the Great Game* », Alfred McCoy, 15 septembre 2015.

L'Europe

Après son élargissement en mai 2004, l'Union européenne est devenue la première puissance économique mondiale et a peu à peu pris conscience d'elle-même, supportant plus difficilement la tutelle américaine alors que celle-ci se fait plus pressante. Les points de friction se multiplient. La France a refusé de s'associer à l'invasion de l'Irak. L'Allemagne a construit un gazoduc sous la mer Baltique pour s'approvisionner en gaz russe. Le conflit ukrainien accroît les tensions entre Américains et Européens, en dépit d'un accord de façade. Mais ces désaccords ne peuvent faire illusion sur la véritable nature des rapports transatlantiques. La décision de François Hollande de lancer des frappes en Syrie ou celle d'Angela Merkel d'accepter de nouvelles armes atomiques américaines sur son sol confirment la subordination de l'Europe aux États-Unis.[1] Des dirigeants américains n'hésitent pas à humilier l'Europe, comme en témoigne la remarque désobligeante de Victoria Nuland, sous-secrétaire au Département d'État, ou celle non moins malveillante de Donald Rumsfeld, ministre de la Défense. Si les révélations d'Edward Snowden sur les écoutes de la NSA ont assombri un instant la relation transatlantique, Angela Merkel s'est contentée d'un « cela ne se faisait pas entre amis ». L'espionnage d'Européens, dont le président français, et d'entreprises emblématiques comme Airbus auquel se livrent les services secrets allemands pour le compte de la NSA n'a pas non plus donné lieu à une protestation officielle sérieuse.

L'Europe n'est qu'un « vassal » de l'empire américain, selon le terme employé par Zbigniew Brezinski, dans son

1. « *U.S. will station New Nuclear Weapons in Germany* », Tyler Durden, Zerohedge, 22 septembre 2015.

livre *Le grand échiquier*.[1] Ne doit-elle pas s'affranchir de cette tutelle pour accomplir son destin ? Alain de Benoist répond qu'elle ne peut s'accomplir que contre les États-Unis.[2] Ce diagnostic reprend celui développé par Christian Saint-Etienne dans *La puissance ou la mort*.[3] L'Europe, nous dit-il, doit « adopter une vision stratégique qui permette de transformer la masse européenne en puissance et de faire de l'UE 25 un acteur majeur… » Il propose la création « d'une Confédération franco-allemande… qui pourrait être aussi une fédération d'États-nations, prendrait le nom de République du Rhin, et se donnerait pour projet de construire une puissance positive durable inscrite dans un espace politique naturellement cohérent. »[4] Mais cette « Europe puissance » est-elle concevable quand le 23 septembre 2015, Angela Merkel déclare qu'il faut parler à Bachar al-Assad et que le même jour François Hollande estime que « l'avenir de la Syrie ne peut passer par Bachar al-Assad » ? Avec une régularité de métronome, les fédéralistes demandent la création d'une armée européenne. Mais, comment concevoir une telle armée quand les nations divergent sur la conduite de la politique étrangère ? Deux nations peuvent-elles avoir les mêmes intérêts stratégiques ? Des politologues américains, comme George Friedman, se plaisent à souligner ces divergences, comme pour mieux démontrer la vacuité du projet européen et la nécessaire soumission de l'Europe.[5]

N'est-ce pas De Gaulle qui a raison lorsqu'il déclare :

1. Ancien conseiller à la Sécurité nationale de Jimmy Carter.

2. « L'Europe ne pourra se faire que contre les États-Unis ! », 21 juillet 2014.

3. Éditions du Seuil, octobre 2003.

4. En 1994, Wolfgang Schaüble & Karl Lamers avaient proposé la création d'un « noyau dur » européen.

5. George Friedman, *Flash Points : The Emerging Crisis in Europe* ».

« Ce que veulent les Anglo-Saxons, c'est une Europe sans rivages, une Europe qui n'aurait plus l'ambition d'être elle-même. L'Europe sans frontières. L'Europe à l'anglaise. C'est en réalité l'Europe des Américains. L'Europe des multinationales. »

Hégémonie du dollar

Les économies européennes et américaines sont étroitement unies. Cette interconnexion n'est possible que grâce au dollar. Nous l'avons vu à l'occasion des accords du Plaza et du Louvre. Le dollar demeure au cœur du système monétaire international. L'échec du SME que nous avons attribué à l'appréciation du deutsche mark aurait tout aussi bien pu être mis au compte du dollar en raison de sa dépréciation vis-à-vis de la monnaie allemande, plus forte que vis-à-vis du franc ou de la lire italienne. L'euro ne protège pas les économies européennes des fluctuations de la devise américaine, comme l'espéraient ses concepteurs.[1] De janvier 2002 à juillet 2008, l'euro s'apprécie vis-à-vis du dollar au grand dam des Européens, et particulièrement des Français. À compter de septembre, la tendance s'inverse. Le dollar s'apprécie par rapport à l'euro. Comment interpréter ces mouvements de sens opposé ?

De 2002 à 2008, la politique monétaire américaine est plus stimulante que ne l'est la politique européenne. L'euro s'apprécie par rapport au dollar. De juillet 2008 à septembre 2014, la monnaie européenne entame une courbe descendante en forme de montagnes russes jusqu'en

1. La valeur d'une monnaie est une notion relative. Elle est donnée en fonction d'une autre monnaie qui elle-même varie. Ainsi, le dollar qui est la valeur de référence de nombreuses monnaies, varie-t-il en fonction d'autres monnaies ou de métaux précieux comme l'or ou l'argent. L'évaluation d'une monnaie s'appuie sur les agrégats économiques, comme le taux de croissance du PIB, la politique budgétaire et monétaire, etc. sans oublier les aspects politiques et sociaux.

mai 2014, puis chute à compter de septembre pour revenir à son niveau de janvier 1999. Ce revirement est dû à la décision de la Réserve fédérale de modérer sa politique monétaire stimulante, dite d'assouplissement quantitatif.[1] Cette politique visait à relancer l'activité par la consommation, l'investissement et l'exportation.[2] Après un temps de latence, l'objectif est atteint. En 2014, la croissance américaine s'élève à 3,7 % contre 1,8 % pour la zone euro. Le chômage diminue de moitié pour atteindre 6,2 % alors qu'il reste élevé en zone euro (11,4 %).[3] Cette meilleure performance de l'économie américaine renforce le dollar vis-à-vis de l'euro.

La politique d'assouplissement quantitatif de la Réserve fédérale déstabilise les marchés financiers par la baisse des taux d'intérêt qu'elle engendre. À la recherche de rendements élevés, les investisseurs échangent leurs dollars pour des devises offrant de meilleurs taux. Ce sont vers les pays émergents qu'ils se dirigent. Dans un premier temps, cet afflux de capitaux donne un coup de fouet bienvenu à ces économies. Dans un second, il pousse leurs devises à la hausse fragilisant leurs entreprises exportatrices.[4] Les entreprises émergentes qui ont emprunté en dollars pour bénéficier de taux bas mais dont les revenus sont en monnaie locale remboursent avec difficulté ces prêts car il leur faut un

1. En anglais : « quantitative easing ». La Réserve fédérale mit en œuvre cette politique en trois phases successives de novembre 2008 à septembre 2012. Elle y mit fin en février 2014.

2. Peu après son investiture, le président Obama annonce son intention de doubler les exportations en cinq ans.

3. Perspectives économiques de l'OCDE, novembre 2014.

4. À noter que la baisse des taux d'intérêt en Europe à compter du printemps 2002 eut le même effet. Les investisseurs du nord de l'Europe, à la recherche de rendements élevés, investirent leurs capitaux dans la périphérie, en particulier en Espagne, dans des projets immobiliers spéculatifs.

montant plus important de monnaie locale pour satisfaire à leurs engagements. La remontée des taux américains, annoncée par la Réserve fédérale depuis juin 2013 mais actée seulement en décembre 2015, a provoqué un flux de sens inverse. Les investisseurs rapatrient leurs capitaux aux États-Unis avec un impact négatif sur l'économie de ces pays. Certains d'entre eux seront tentés de mettre en place un contrôle des mouvements de capitaux pour se protéger de flux déstabilisateurs.[1]

Ainsi, la politique de la Réserve fédérale dont le but est de stimuler l'économie américaine, se propage-t-elle par ricochet à l'économie mondiale. Cela tient au rôle particulier du dollar dans l'économie mondiale. En dépit de la décision de Richard Nixon d'août 1971, le dollar demeure la monnaie internationale dans laquelle sont libellés de nombreux échanges, comme les céréales et le pétrole, par exemple. C'est aussi la monnaie dans laquelle les banques centrales conservent une grande partie de leurs réserves de change. Le système de Bretton Woods fait de la Réserve fédérale la banque centrale mondiale, procurant aux États-Unis un avantage et un inconvénient. L'avantage est de pouvoir financer son déficit dans sa propre monnaie.[2] L'inconvénient est de devoir tenir compte de la situation mondiale dans la définition de leur politique monétaire. Dans la pratique, les États-Unis n'y portent guère attention.[3]

1. Anton Korinek et Damiano Sandri, *Capital Controls or Macroprudential Regulation?*, octobre 2015. « *Dilemma not Trilemma: The Global Financial Cycle and Monetary Policy Independence* », Hélène Rey, août 2013.

2. Jacques Rueff parlait de « déficits sans pleurs ». Valérie Giscard d'Estaing dénonça « un privilège exorbitant ».

3. Rappelons qu'au temps de l'étalon-or, lorsque la livre sterling était attaquée la Banque d'Angleterre relevait son taux d'escompte (provoquant une récession au Royaume-Uni) et faisait appel à la Banque de France et à la Reichsbank pour qu'elles abaissent le leur.

Qui a oublié cette remarque de John Connally, Secrétaire au Trésor de Richard Nixon : « le dollar est notre monnaie et votre problème » ?[1] Dans les relations internationales, priorité est donnée à l'intérêt national. Cette attitude, compréhensible du point de vue américain mais néanmoins cavalière, est déstabilisatrice pour l'économie mondiale en général, et pour la zone euro en particulier. Elle a incité plusieurs nations, réunies sous l'acronyme BRICS,[2] à mettre fin au rôle prépondérant du dollar en jetant les bases d'un système concurrent.[3] S'ils parviennent à un accord ce qui est douteux en raison de la complexité des questions à résoudre pour y parvenir, le système monétaire international se fractionnerait en deux systèmes concurrents, voire en trois si dans le même temps l'euro devenait une monnaie de réserve de plein exercice.

L'euro : rival potentiel ?

La zone euro constitue les trois quarts du PIB de l'Union européenne qui elle-même représente 21,3 % du PIB mondial. Une récession en zone euro qui s'étendrait à l'Union européenne puis aux États-Unis peut provoquer une crise financière aux États-Unis, en raison de la fongibilité des monnaies et de l'interconnexion des marchés financiers. Les autorités américaines craignent que les banques européennes n'affaiblissent leur secteur bancaire en raison de leur vulnérabilité.[4] Voilà pourquoi au plus profond de la crise de l'euro, Barack Obama a appelé Angela

1. George Bush père est encore plus cynique lorsque, répondant à la question d'un journaliste sur la dépréciation du dollar, il déclare : « Il m'arrive d'y penser de temps en temps mais pas très souvent ».

2. Brésil, Russie, Inde, Chine et Afrique du Sud.

3. Déclaration de Fortaleza (Brésil) de juillet 2014.

4. *The Future of the Eurozone and U.S. Interests. Congressional Research Service.* 17 janvier 2012.

Merkel et Nicolas Sarkozy à plusieurs reprises. Il a aussi dépêché Timothy Geithner, à la réunion des ministres des Finances de l'Union européenne à Wroclaw en Pologne, en septembre 2011. Jacob Lew, nouveau secrétaire au Trésor, est aussi intervenu en mai 2015 pour inciter les Européens à mettre fin à la crise grecque au plus vite. Par ailleurs, Washington grâce à son droit de véto au FMI est partie prenante dans les négociations des prêts accordés à la Grèce. Jean-Claude Trichet y a vu une intrusion inacceptable. Mais cette intrusion ne trouble pas les Européens puisqu'elle réduit le risque pour leurs propres finances. Il est doux parfois d'être soumis.

L'euro n'est pas qu'un danger pour les Américains, il est aussi un concurrent potentiel du dollar. Environ un quart des réserves mondiales sont libellées en euro. Qu'adviendrait-il si l'euro était utilisée comme monnaie de référence dans les échanges internationaux en lieu et place du dollar ? Cette hypothèse est inconcevable pour les États-Unis. Leur puissance repose pour partie sur l'hégémonie du dollar. S'ils souhaitent le succès de l'euro en raison de son effet stabilisateur sur l'économie mondiale, ils ne veulent pas qu'il menace la suprématie du dollar. De leur côté, les Européens qui ne remettent pas en cause l'hégémonie du dollar, aimeraient que les Américains se conduisent de façon plus responsable dans la définition de leur politique monétaire. C'est une exigence raisonnable qui dans la pratique est impossible à satisfaire puisqu'elle conduirait dans certaines situations à donner la priorité à l'économie mondiale sur l'économie américaine. Aucun Américain qu'il soit homme politique ou haut fonctionnaire n'adopterait une telle politique pour des raisons évidentes.

La solution à cette question des monnaies réside dans la création d'une monnaie de réserve fiduciaire. Elle existe à l'état d'embryon. Ce sont les droits de tirage spéciaux (DTS), créés en 1969 pour soulager la pression qui s'exerçait sur le dollar.[1] Leur utilité s'est estompée après la décision de Richard Nixon d'août 1971. Ils ne constituent pas une monnaie mais il serait facile de leur en conférer les caractéristiques. La chose est moins aisée qu'il n'y paraît en raison des nombreuses questions que ce changement de nature soulèverait, sans parler de l'opposition des États-Unis. Récemment, Christine Lagarde a suggéré d'en augmenter la quantité, ce qui est une façon indirecte de leur attribuer un plus grand rôle.[2] Il est douteux que son appel soit entendu.

La gestion d'une monnaie est complexe. Elle n'est jamais satisfaisante pour tous. Les entreprises américaines n'apprécient pas que le dollar se renchérisse car elles sont pénalisées sur les marchés étrangers. À l'inverse, un euro fort (dans certaines limites) favorise les entreprises exportatrices allemandes en éliminant certains de leurs concurrents étrangers (notamment français) qui sont dans l'incapacité de compresser des marges bénéficiaires insuffisantes pour rester compétitifs sur les marchés étrangers.

CONCLUSION

Le monde ne connaîtra pas, tout au moins dans les années à venir, la croissance qu'il connut au début des années 2000. Elle était due à une politique américaine anormalement stimulante et une politique chinoise entièrement tournée vers l'exportation. Le consommateur américain était le

1. L'accroissement rapide du commerce international et la décision de l'Allemagne et de la France de changer leurs dollars en or auprès du Trésor américain poussaient le dollar à la baisse et l'or à la hausse. La quantité d'or étant relativement stable, il fallait trouver un complément au dollar pour répondre à l'augmentation des réserves détenues par les banques centrales. Ce sera le DTS.

2. « *Lift Growth Today, Tomorrow, Together* », Christine Lagarde, *The Atlantic Council*, 9 avril 2015.

moteur de l'économie mondiale et l'industriel chinois son fournisseur. Cette configuration ne se reverra sans doute jamais. Le mieux que l'on puisse espérer est la consolidation de la croissance actuelle ce qui suppose, comme le rappelle le FMI, une refondation du modèle chinois et des réformes structurelles en Europe. L'économie américaine est plus fragile que son taux de croissance ne l'indique en raison d'un taux de participation au marché du travail insuffisant et d'une inégalité croissante qui marginalise une part de plus en plus importante de la population.

L'imbrication des liens transatlantiques est si profonde que la relation est désormais fusionnelle. Tout à la fois partenaires et rivaux, étroitement liés au plan économique, financier, politique et militaire, les États-Unis et l'Europe, sont condamnés à vivre ensemble dans le respect de leurs valeurs communes en dépit d'un antagonisme inhérent à la nature de leur relation – antagonisme qui croît avec le temps. Dans la relation transatlantique, l'Allemagne occupe une position à part. Durant la Guerre froide, les États-Unis en ont fait leur place forte en Europe. La chute du Mur de Berlin, la réunification et l'effondrement de l'Union soviétique ont changé la donne. L'avenir de l'Allemagne est désormais à l'Est, en Russie et en Chine. Ses intérêts s'opposent à la politique d'encerclement de la Chine et de la Russie entamée par les États-Unis. Commercialement liée à ces deux nations, l'Allemagne pourrait être amenée à se détacher progressivement de l'Europe, devenant une menace pour les États-Unis si les liens économiques se transformaient en alliance politique.[1] Cette « ère pivot », selon l'expression de Mackinder, serait alors un contrepoids à l'hégémonie américaine.[2]

1. Brendan Simms, *Europe, the Struggle for Supremacy.*

2. Frank-Walter Steinmeier, ministre allemand des Affaires étrangères, n'a pas caché

APPENDICE : POLITIQUES DE LA RESERVE FÉDÉRALE ET DE LA BCE

La réaction de la Réserve fédérale et celle de la BCE à la crise des subprimes sont initialement aux antipodes l'une de l'autre. Après quelques mois d'hésitation, la Réserve fédérale réagit énergiquement. Elle abaisse son taux directeur de 5,25 % à 0,125 % en un peu plus d'un an, de septembre 2007 à décembre 2008, et injecte 1 350 milliards de dollars de liquidité dans l'économie, soit 9,2 % du PIB. La BCE ne réagit pas. Elle laisse son taux directeur inchangé, l'augmente même en juillet 2008 pour le porter à 4,25 %, puis se ravise et l'abaisse à 2,50 % en décembre 2008 – niveau bien supérieur à celui de la Réserve fédérale. Elle injecte 650 milliards d'euros dans l'économie pendant les 2e, 3e et 4e trimestres 2008, soit 6,9 % du PIB de la zone euro. La réaction plus modérée de la BCE s'explique dans la mesure où à l'origine la crise des subprimes est perçue comme une crise américaine. Les autorités des deux côtés de l'Atlantique allaient bientôt mesurer l'étendue de l'intégration des systèmes bancaires américains et européens.

La BCE réagit de la même façon à la crise de l'euro. Alors que la crise bat son plein, elle porte son taux directeur de 1,00 % à 1,50 % d'avril à août 2011. Le durcissement de la crise la conduit à injecter 1 010 milliards d'euros dans l'économie en un peu moins d'un an, du 2e trimestre 2011 au 1er trimestre 2012, soit 10,3 % du PIB. Le total du bilan de la BCE représente alors 31,3 % du PIB de la zone euro – niveau jamais atteint précédemment, pas même par la Réserve fédérale dont le ratio n'excédera pas 25,4 %. Par la

sa désapprobation des propos du général Philip Breedlove, commandant suprême de l'OTAN en Europe qui déclara au sujet du conflit ukrainien ne pas exclure « l'option militaire », *RT*, 12 mars 2015.

suite, la BCE modère la croissance de la masse monétaire alors que la Réserve fédérale entame la troisième phase de sa politique d'assouplissement quantitatif. Au troisième trimestre 2014, le total de son bilan ne représente plus que 20,2 % du PIB de la zone euro contre 25,3 % pour la Réserve fédérale. C'est alors que Mario Draghi entame une nouvelle phase de sa politique d'assouplissement quantitatif en portant le total du bilan de la BCE à 25,2 % du PIB contre 24,8 % pour la Réserve fédérale qui est sur le point d'inverser sa politique monétaire. Voilà pour les chiffres. Quelles conclusions faut-il en tirer ?

La politique de la Réserve fédérale a donné de meilleurs résultats que celle de la BCE, si l'on en juge par la croissance de l'économie et le taux de chômage officiel. Cette performance, cependant, est fragile car elle continent un fort élément spéculatif. Le Dow Jones a largement dépassé son niveau de l'automne 2007 : 17 918 en novembre 2015 dernier contre 13 357 en novembre 2007, soit une augmentation de 34 % que la performance de l'économie ne justifie pas. Une statistique plus élaborée, le P/E ratio (prix de l'action divisé par le revenu net par action) calculé sur une période moyenne de 10 ans, donne un résultat plus mesuré. Il a retrouvé son niveau de l'automne 2007.[1] Il conviendrait de procéder à une analyse plus poussée de l'économie américaine, avant d'émettre un jugement définitif, mais à ce jour son bilan est meilleur que celui de la zone euro, empêtrée dans une architecture réglementaire complexe. Néanmoins, la prudence est de mise quant à la performance américaine. Quatre personnalités aussi différentes que Nouriel Roubini, professeur à New York University, David Stockman, ancien directeur du budget

1. Ce ratio calculé par Robert Shiller, auteur de *Irrational Exuberance*, est disponible sur Internet.

de Ronald Reagan, Paul Craig Roberts, ancien sous-secrétaire au Trésor de Ronald Reagan, et Ron Paul, ancien congressman ont émis l'hypothèse d'une crise économique dans un avenir proche.

Dans ces conditions, la décision de la BCE d'entreprendre un programme d'assouplissement quantitatif surprend pour deux raisons. D'une part, le succès de la politique américaine est sujet à caution, et d'autre part, cette dévotion envers la politique monétaire se comprend difficilement. La politique monétaire laxiste d'Alan Greenspan est en partie responsable de la crise des subprimes par la bulle immobilière qu'elle a provoquée. L'intéressé lui-même l'a reconnu. Or que fait la BCE ? Elle suit une même voie en accordant à la politique monétaire un pouvoir qu'elle n'a pas. Il est bien connu que l'on peut tirer sur une ficelle mais qu'on ne peut pas pousser dessus (« *you can pull on a string but you can't push with it* »). Cette phrase, attribuée à Alan Goldsborough, signifie que si une banque centrale peut éviter la surchauffe et l'inflation en relevant son taux directeur, il lui est plus difficile de relancer l'économie par la seule baisse des taux, particulièrement quand les ménages sont endettés, comme aux États-Unis, ou les banques sont handicapées par de mauvais prêts, comme en Europe. Or, la politique d'assouplissement quantitatif se targue de le faire.

La crise de 1929 a donné lieu à un profond réexamen de la politique économique américaine qui a donné naissance à l'économie mixte. Étonnement, non seulement la crise des subprimes n'a pas donné lieu à un tel examen mais la politique monétaire qui en est responsable pour partie, en sort renforcée. Cette politique porte en elle le germe d'une nouvelle crise financière. Les marchés financiers n'y croient plus guère comme semble l'indiquer leur réaction à la relance de la politique d'assouplissement par Mario Draghi, le 11 mars 2016.

Conclusion

L'effondrement du système de Bretton Woods obligeait les Européens à créer leur propre système monétaire pour se prémunir des variations de taux de change si préjudiciables au commerce intra-européen. L'échec du Serpent et du SME aurait dû les alerter sur la difficulté à faire fonctionner un tel système avec succès. Il n'en fut rien. L'euro est une solution plus radicale et plus complexe que les essais antérieurs. Les devises européennes ne sont plus liées entre elles, comme elles l'étaient précédemment, mais remplacées par une monnaie unique. Les banquiers centraux avaient mis en garde les chefs d'État et de gouvernement sur les écueils de cette solution en l'absence d'une convergence préalable des politiques économiques. Si cette absence est la raison principale des malheurs de l'euro, elle n'est pas la seule. Les défauts structurels analysés dans le second chapitre en sont aussi la cause ainsi que le modèle allemand, l'étatisme français, l'interconnexion des banques, et l'attachement des États membres à leur souveraineté. On se perdra longtemps en conjectures sur les raisons qui poussèrent les dirigeants européens à créer l'euro au vu des défis à relever alors qu'ils avaient déjà connu deux échecs consécutifs.

L'euro est un système né avant terme. La crise était inévitable. Pourquoi a-t-elle tant tardé à venir ? Parce que l'économie mondiale était dans une forme éblouissante. La croissance gommait les faiblesses de l'euro que la récession de 2009 a ramenées sur le devant de la scène. Les décisions prises pour résoudre la crise vont dans le bon sens sans cependant attaquer les faiblesses de l'euro de front. L'Union monétaire demeure un système hybride, hétérogène et instable, géré selon des critères allemands. La non-convergence des politiques économiques prend la forme d'une lutte de pouvoir qui tourne à l'avantage de l'Allemagne. Par ailleurs, la mondialisation crée un environnement, dynamique et innovant mais incertain qui complexifie la gestion de l'euro.

RÉFLEXIONS SUR L'EURO ET L'EUROPE

Une chose surprend à la lecture des rapports officiels ou privés, rédigés suite à la crise de l'euro, aucun n'aborde la nature de l'euro. Or, celle-ci est fondamentale puisqu'elle détermine son architecture et sa gestion. Deux documents la définissent : les statuts de la BCE et le pacte de stabilité et de croissance. Ils sont la transposition de la vision allemande. Voilà pourquoi il n'est pas exagéré de dire que l'euro est un deutsche mark qui a changé de nom. Mais l'euro ne peut être allemand. Il ne peut *être* qu'européen. Il ne peut survivre qu'en changeant de nature.

L'objet premier des statuts de la Banque centrale européenne est de garantir son indépendance du pouvoir politique. Lorsque cette question a été débattue, elle a été présentée sous une forme manichéenne : indépendance contre dépendance, ou si l'on préfère modèle allemand contre modèle français. Cette présentation est simplificatrice. Il existe une troisième option : celle adoptée aux États-Unis. Pour beaucoup, la Réserve fédérale est indépendance du pouvoir politique. C'est partiellement vrai et partiellement faux. Il est vrai que la banque centrale américaine a gagné son indépendance vis-à-vis du Trésor grâce à l'accord de mars 1951. Mais il ne s'agissait là que d'un compromis autorisant la Réserve fédérale à décider librement du taux d'intérêt jusqu'alors fixé par le Trésor.[1] Cet accord laisse intact le lien de subordination qui lie la Réserve fédérale au Congrès. Preuve en est le *Federal Reserve Reform Act* de 1977 qui renforce ce lien en obligeant la banque centrale à soumettre ses objectifs monétaires au Congrès. Le *Full Employment and Balanced Growth Act* de 1978, d'inspiration keynésienne, plus connu sous le nom de *Humphrey-Hawkins Act*, est encore plus contraignant puisqu'il décide des objectifs de la politique monétaire de la Réserve fédérale. Dans la première moitié des années 80, alors que la récession sévissait suite à la politique monétaire de la banque centrale, les sénateurs, alors animés d'une vision keynésienne, ne faisaient pas mystère de leur volonté d'imposer leur politique à Paul Volcker, son gouverneur, si nécessaire.[2] Désormais converti au néolibéralisme, le Congrès laisse la bride sur le cou aux autorités monétaires mais les choses pourraient changer rapidement en cas de crise économique. Ce compromis, typique de l'esprit anglo-saxon où un certain flou accorde un rôle important à la tradition, est mieux adapté au contexte européen que le diktat allemand.

En réponse à la crise de l'euro, les programmes d'assistance aux banques (*Outright Monetary Transactions*, *Long Term Refinancing Operations*, etc.) ont opportunément assoupli la politique de la BCE, et l'interprétation que Mario Draghi a faite de ses statuts s'est aussi révélée payante. Ces initiatives pour utiles qu'elles soient n'en sont pas moins insuffisantes.

1. L'objectif du Trésor américain était de maintenir le taux d'intérêt des obligations d'État aussi bas que possible pour en minimiser le coût.

2. Le Sénat peut à loisir modifier les statuts de la Réserve fédérale.

Le Parlement doit être partie prenante dans la définition de la politique monétaire à l'image du Sénat américain. La stabilité financière ne peut être le seul objectif de la BCE. Un second, la croissance et l'emploi, doit y figurer bien qu'il existe une contradiction entre les deux. La définition d'une politique monétaire est un art et non une science. La banque centrale s'est fixé 2 % comme objectif annuel d'inflation. Ce chiffre ne repose sur aucune étude. Pourquoi 2 % ? Pourquoi pas 4 %. Olivier Blanchard a proposé ce dernier chiffre pour sortir de la trappe à liquidité dans laquelle est enfermée l'économie européenne.[1]

La croissance est aussi absente du pacte de stabilité et de croissance. Le mot y figure à la demande expresse de Jacques Chirac mais n'y joue aucun rôle. Le pacte est l'expression du credo allemand : la stabilité monétaire, c'est-à-dire l'absence d'inflation. Elle engendre la baisse des taux d'intérêt qui favorise l'investissement productif et conforte la compétitivité des entreprises, leur permettant ainsi d'exporter davantage et d'accroître l'activité et l'emploi. L'excédent commercial est le seul facteur de croissance. Appliqué à la zone euro, cela signifie que chaque État membre doit avoir une balance commerciale excédentaire. Structurellement, la zone euro est excédentaire. Le corollaire est que le reste du monde doit absorber cet excédent. Ce credo, appliqué à la zone euro, est un non-sens. Le principal bénéficiaire en est l'Allemagne, comme le démontre sa performance économique.[2] Le pacte pour l'euro, le pacte de stabilité renforcé et le pacte budgétaire européen qui ont pour objet de consolider le pacte de stabilité et de

1. « *Monetary Policy will never be the Same* », Olivier Blanchard, 19 novembre 2013, iMFdirect. Lorsque les consommateurs préfèrent thésauriser que dépenser, l'économie fait face à une trappe à liquidité.

2. Les Pays-Bas qui ont embrassé ce credo en profitent également.

croissance, ne font qu'accentuer son effet récessif, porteur de déflation et de chômage. Aussi, ne faut-il pas s'étonner de la piètre performance de la zone euro sept ans après la crise des subprimes.

Il convient donc non pas d'inverser les priorités en faveur de la croissance au détriment de la stabilité des prix mais de leur donner un poids égal dans la définition de la politique économique. Cette réécriture du pacte de stabilité et de croissance doit s'accompagner d'une redéfinition de la politique allemande et… de la politique française car si l'euro ne peut s'accommoder de la rigidité allemande il ne peut pas davantage s'accommoder du laxisme français. La croissance est indispensable à son succès. La persistance d'un chômage élevé (11 % en moyenne sur les cinq dernières années) détourne les Européens de l'Union monétaire, comme le confirment les sondages. L'euroscepticisme a remplacé l'eurosclérose. Bruxelles en prend finalement la mesure. Peu après son élection à la présidence de la Commission en novembre 2014, Jean-Claude Juncker propose un plan d'investissement de 315 milliards d'euros sur trois ans dans un rapport intitulé « Un nouvel élan ». L'intention est bonne, mais il est permis d'être sceptique sur le résultat car le montant est insuffisant et le financement n'est pas assuré. En outre, il présuppose un retour de la croissance mondiale. Nous le savons : la demande globale est insuffisante au regard de l'offre globale. Sa relance par le seul levier monétaire non seulement ne donne pas les résultats attendus mais est aussi porteuse d'effets secondaires dangereux (bulles financières, instabilité sur le marché des changes, etc.). L'Europe ne peut donc se reposer sur l'économie mondiale pour retrouver la croissance. Il lui faut la générer en interne, et pour cela lancer un programme d'investissements ambitieux : 1000 milliards d'euros sur cinq ans, soit 2 % du PIB annuel de la zone euro. Il sera financé par des institutions internationales telles que la Banque européenne d'investissement ou la Banque mondiale et destiné aux infrastructures, aux projets environnementaux, à la R&D et à la formation. Il comportera une part redistributive pour compenser les effets inégalitaires de la révolution technologique.[1]

Plus fondamentalement, l'Union monétaire européenne exacerbe une contradiction entre deux articles : les articles 121 et 125.[2] Le premier établit une solidarité de fait entre les États membres alors que le second exonère ces mêmes États de tout engagement financier à l'égard des autres États. Dans une zone monétaire commune, cette question ne peut être tranchée qu'en faveur de l'article 121. Dans une zone homogène, un fonds de solidarité tel que le Mécanisme européen de stabilité est suffisant. Dans une zone hétérogène, il faut y ajouter des transferts inter-États. Cette question est taboue. Les dirigeants refusent de l'aborder bien qu'elle soit sous-jacente à la crise de l'euro. En conséquence, l'Union monétaire est au milieu du gué, incapable d'avancer ou de reculer. Un accident de l'Histoire, l'effondrement de l'Union soviétique, a brutalement propulsé l'Allemagne à la tête d'une nouvelle Europe. Consciente de sa position géographique et de sa puissance, assurée du soutien américain, elle a imposé sa vision de la résolution de la crise. Cette vision ne peut s'imposer durablement. Il faut la repenser en partant d'une analyse braudelienne.

Le cœur économique de l'Europe est la Ruhr. Le bassin

1. « *Restarting the Global Economy* », Michael Spence, Danny Leipziger, James Manyika et Ravi Kanbur. May 2015.

2. Article 121 du traité de Lisbonne et article 125 du traité sur le fonctionnement de l'Union européenne.

parisien, la vallée du Rhône, le Piémont et la Lombardie sont des zones intermédiaires, dotés de leur logique historique propre mais sans la puissance de celle du Rhin. L'Espagne le Portugal et la Grèce sont des zones subordonnées, quels que soient leurs efforts pour se hisser au niveau intermédiaire. Pour être viable, l'Union monétaire doit soit se limiter à une zone homogène – l'Europe des Six – auquel cas des transferts inter-États sont inutiles, ou demeurer telle qu'elle est mais accepter des transferts inter-États. Dans les deux cas, elle doit abandonner son modèle allemand pour un modèle européen qui fasse place à la croissance. À défaut, l'Union monétaire connaîtra une longue période de faible croissance qui la condamnera à la désintégration.

L'EURO PEUT-IL ÉCHOUER ?

« L'Europe se forgera dans les crises et sera la somme des solutions qui auront été trouvées à ces crises. » Cet aphorisme de Jean Monnet que les fédéralistes citent volontiers pour conforter leur optimisme, n'est pas un dogme gravé dans le marbre. L'euro ne résistera pas à un nouveau choc. Il échouera. S'il échoue, l'Europe échoue, comme l'a dit Angela Merkel.[1] L'Allemagne en étant la première bénéficiaire, la chancelière a de bonnes raisons de se soucier de son avenir. Elle doit se désolidariser de son ministre des Finances, Wolfgang Schaüble, avocat d'une Europe allemande tout en prétendant le contraire.[2] Ses partenaires ont aussi intérêt à ce que l'euro survive. En cas d'échec et en l'absence d'un nouveau système monétaire international se substituant aux accords de Bretton Woods, hypothèse inconcevable dans le monde actuel, l'Europe connaîtrait l'instabilité qu'elle a connue dans les années 70

1. *Spiegel International.* 7 septembre 2011.

2. « Berlin ne veut pas d'une Europe allemande », *Le Monde*, 19 juillet 2013.

et 80. Face à la nécessité de préserver le marché unique qui s'est révélé bénéfique pour l'Europe, les Européens seront tentés d'adopter un système de typer ERM II.[1] Ce serait revenir au SME. Son échec est là pour nous rappeler que dans un marché commun, les États membres ne peuvent faire l'économie d'une convergence de leurs politiques économiques. Il est donc dans l'intérêt des Européens de s'accorder sur de nouvelles bases pour assurer la pérennité de l'euro.[2]

L'euro fait face à un grave dilemme. Pour survivre, il doit subir une profonde mutation qui modifie sa nature et sa gestion. Si les États membres n'y consentent pas, il échouera. S'il échoue, s'ouvrira une ère d'instabilité en Europe – instabilité que l'euro et l'Union européenne étaient supposés éliminer. Cette mutation profonde, nécessaire à sa

1. Rappel : « *European Exchange Rate Mecanism* ». Accord qui oblige les nations signataires à maintenir la parité de leur devise dans une fourchette de +/– 15% par rapport à l'euro.

2. Deux commentaires illustrent le fossé qui désormais sépare les Allemands d'une partie de l'Europe. Citant la crise des migrants, Ulrich Grillo, président de la Fédération allemande de l'industrie, s'est dit inquiet sur le futur de l'Europe. (*Reuters*, 26 décembre 2015) Après avoir exigé des Européens qu'ils accueillent les migrants à bras ouverts, comment les Allemands peuvent-ils s'étonner qu'ils s'entre-déchirent à ce sujet ? De son côté, Hans Peter Wollseifer, président fédéral des Chambres de métiers, craint qu'un manque de solidarité balaie les succès obtenus à ce jour dans la construction européenne. Cette remarque ne manque pas de sel. Les Allemands se sont opposés à toute forme de solidarité lors de la création de l'euro (avec la coopération discrète des Français).
La prépondérance de l'Allemagne dans les affaires européennes (due en partie à l'absence de la France en raison de la faiblesse de sa performance économique) agace de plus en plus les pays de la périphérie. Récemment, Matteo Renzi, premier ministre italien, s'est fait l'écho de cette lassitude en s'opposant frontalement au doublement de l'oléoduc Nord Stream. Il considère, non sans raison, que l'attitude de Berlin est hypocrite (*Financial Times*, 21 décembre 2015). Suite à son élection, Antonio Costa, premier ministre portugais, a décidé de relever le Smic de 5 % au 1er janvier 2016, en contradiction du programme d'austérité adopté par l'ancienne majorité à la demande de l'Allemagne.

survie, ne peut se faire sans l'adhésion des peuples. Imposer aux Grecs une politique allemande revient à tenter de faire passer un chameau par le chas d'une aiguille. Rappelons ce que disait de Gaulle : « Quelle Europe ? Il faut qu'elle soit véritablement européenne. Si elle n'est pas l'Europe des peuples, si elle est confiée à quelques organismes technocratiques plus ou moins intégrés, elle sera une histoire pour professionnels, limitée et sans avenir. »

ANNEXE I

PACTE POUR L'EURO – TABLEAU DE BORD

– Balance des transactions courantes comprises dans une fourchette entre +6 % et – 4 % du PIB (moyenne mobile sur trois ans).

Position extérieure nette globale en pourcentage du PIB (seuil de – 35 % du PIB).

– Évolution des parts de marché à l'exportation.

– Variation sur trois ans du taux de change effectif réel.

– Évolution de la part de marché dans les exportations mondiales.

– Évolution sur trois ans des coûts unitaires nominaux de la main-d'œuvre.

– Variation en glissement annuel des prix de l'immobilier (seuil de 6 %).

– Flux de crédit vers le secteur privé en pourcentage du PIB.

– Dette du secteur privé en pourcentage du PIB (seuil de 160 %).

– Dette des administrations publiques en pourcentage du PIB (seuil de 60 %).

– Moyenne mobile sur trois ans du taux de chômage (seuil de 10 %).

ANNEXE II

TABLEAU 1		
	Moyenne annuelle 1999-2014	
	Zone euro	Zone non euro
Croissance*	1,7	1,7
Investissement*	22,4	20,6
Inflation	2,1	1,9
Chômage	8,0	6,3
Solde budgétaire*	-2,2	-1,0
Dette publique*	66,4	47,9
Comptes courants*	1,0	2,5

* En pourcentage du PIB. Source: *World Economic Outlook Database, october 2015.*

La zone euro est constituée des 11 membres fondateurs. La zone non euro inclue le Danemark, la Grande-Bretagne, et la Suède.

TABLEAU 2		
	Moyenne annuelle 1999-2014	
	Zone euro nord	Zone non euro
Croissance*	2,2	1,7
Investissement*	22,3	20,6
Inflation	2,0	1,9
Chômage	6,6	6,3
Solde budgétaire*	-1,3	-1,0
Dette publique*	58,9	47,9
Comptes courants*	3,5	2,5

Source: *World Economic Outlook Database, October 2015.*

La zone euro nord inclue l'Autriche, l'Allemagne, la Belgique, la Finlande, l'Irlande, le Luxembourg et les Pays-Bas.

TABLEAU 3			
	Moyenne annuelle 1999-2014		
	Zone euro nord	Zone euro sud	France
Croissance*	2,2	0,9	1,4
Investissement*	22,3	22,8	22,3
Inflation	2,0	2,3	1,7
Chômage	6,6	11,0	9,0
Solde budgétaire*	-1,3	-3,9	-3,6
Dette publique*	58,9	82,0	72,0
Comptes courants*	3,5	-4,3	0,2

Source: *World Economic Outlook Database, October 2015*

La France est exclue des zones nord et sud

ANNEXE III

BRÈVE CHRONOLOGIE

Juillet-août 1944	Conférence de Bretton Woods, New Hampshire (États-Unis).
18 avril 1951	Traité de Paris. Institution de la Communauté européenne du charbon et de l'acier (CECA).
30 août 1954	L'Assemblée nationale rejette la Communauté européenne de défense.
25 mars 1957	Traité de Rome. Membres fondateurs : Allemagne, Belgique, France, Italie, Luxembourg, Pays-Bas.
4 janvier 1960	Convention de Stockholm. Création de l'Association européenne de libre-échange réunissant le Royaume-Uni, la Norvège, le Danemark, la Suède, la Suisse, le Portugal, et l'Autriche.
8 octobre 1970	Rapport Werner.
15 août 1971	Richard Nixon rompt le lien unissant le dollar à l'or dans les accords de Bretton Woods.
10 avril 1972	«Serpent dans le tunnel».
1er janvier 1973	L'Irlande, le Danemark et la Grande-Bretagne deviennent membres de la Communauté européenne.
Printemps 1973	Flottement généralisé des monnaies.
13 mars 1979	Création du Système monétaire européen.
9 et 12 juin 1979	Parlement européen. Élection au suffrage universel direct.
1er janvier 1981	La Grèce devient membre de la Communauté européenne.
14 juin 1985	Accord de Schengen.
1er janvier 1986	L'Espagne et le Portugal rejoignent la Communauté européenne.
17 février 1986	Acte unique européen.
3 octobre 1990	Réunification de l'Allemagne.

1er décembre 1991	Effondrement de l'Union soviétique.
7 février 1992	Signature du traité de Maastricht.
20 septembre 1992	Ratification du traité de Maastricht en France par référendum (51,05%).
4 août 1993	La Banque de France devient indépendante du pouvoir politique.
1er janvier 1995	L'Autriche, la Finlande et la Suède deviennent membres de la Communauté européenne. Création de l'Organisation mondiale du commerce (OMC).
17 juin 1997	Adoption du pacte de stabilité et de croissance.
1er juin 1998	Instauration de la Banque centrale européenne.
1er janvier 1999	Création de l'euro. Membres fondateurs : Allemagne, Autriche, Belgique, Espagne, Finlande, France, Irlande, Italie, Luxembourg, Pays-Bas et Portugal.
1er janvier 2001	La Grèce rejoint l'euro.
26 février 2001	Signature du traité de Nice.
11 décembre 2001	Entrée de la Chine à l'OMC.
1er janvier 2002	Introduction des billets et pièces en euro.
1er mai 2004	Adhésion à l'U.E. de Chypre, Estonie, Hongrie, Lettonie, Lituanie, Malte, Pologne, République tchèque, Slovaquie et Slovénie.
29 mai 2005	Rejet du projet de constitution européenne par référendum en France.
1er janvier 2007	La Slovénie rejoint l'euro.
13 décembre 2007	Traité de Lisbonne.
1er janvier 2008	Chypre et Malte rejoignent l'euro.
15 septembre 2008	Faillite de Lehman Brothers aux États-Unis. Crise des subprimes.
1er janvier 2009	La Slovaquie rejoint l'euro.
8 octobre 2009	Georges Papandréou annonce que l'état réel des finances grecques avait été caché par le précédent gouvernement. Crise grecque.
1er décembre 2009	Entrée en vigueur du traité de Lisbonne.

3 mars 2010	La Commission européenne présente Europe 2020 – stratégie à 10 ans.
11 avril 2010	Plan de soutien de 30 milliards d'euros à la Grèce.
8-9 mai 2010	Création du Fonds européen de stabilité financière (FESF).
7 septembre 2010	Adoption du Semestre européen.
18 octobre 2010	Sommet franco-allemand à Deauville.
28-29 octobre 2010	Création du Mécanisme européen de stabilité (MES).
28 novembre 2010	Plan de soutien de 85 milliards d'euros à l'Irlande.
1er janvier 2011	L'Estonie rejoint l'euro.
25 mars 2011	Adoption du Pacte pour l'euro plus.
28 septembre 2011	Adoption du *Six-Pact*.
31 octobre 2011	Georges Papandréou annonce la tenue d'un référendum.
12 février 2012	Le Parlement grec adopte une série de mesures d'austérité alors que de violents affrontements ont lieu dans Athènes.
2 mars 2012	Traité sur la stabilité, la coordination et la gouvernance. Institution d'une règle d'or prohibant les déficits budgétaires.
28-29 juin 2012	Adoption de l'Union bancaire.
5 novembre 2012	Le Parlement grec adopte une nouvelle série de mesures d'austérité. De violentes manifestations ont lieu devant le Parlement.
11 juin 2013	Le Parlement grec ferme la chaîne publique de télévision.
1er janvier 2014	La Lettonie rejoint l'euro.
10 avril 2014	Le gouvernement grec lance avec un succès un emprunt de 3 milliards d'euros sur les marchés financiers.
29 décembre 2014	Démission du gouvernement grec après l'échec de l'élection d'un nouveau président.
1er janvier 2015	La Lituanie rejoint l'euro.

25 janvier 2015	Le parti de la gauche radicale, Siriza, remporte les élections législatives. Alexis Tsipras forme un nouveau gouvernement.
18 juin 2015	L'Eurogroupe met une fin brutale aux négociations entamées avec Yánis Vároufakis, ministre des Finances.
5 juillet 2015	Le «non» l'emporte au référendum soumis par Alexis Tsipras, rejetant de ce fait le plan d'austérité des créanciers.
8 juillet 2015	La Grèce demande un troisième plan d'aide.
13 juillet 2015	Accord sur un nouveau plan d'aide à la Grèce de 86 milliards d'euros.
20 juillet 2015	Réouverture des banques en Grèce, fermées depuis trois semaines.

TABLE DES MATIÈRES

Achevé d'imprimer en mars 2016
sur les presses de l'imprimerie Pulsio.
Imprimé dans l'Union européenne.